교실과 학교의 미래를 위하여
배움혁신

배움 혁신 교실과 학교의 미래를 위하여

초판 1쇄 발행 2023년 12월 15일

지은이 | 사토 마나부
옮긴이 | 손우정
발행인 | 최윤서

펴낸 곳 | (주)교육과실천
도서문의 | 02-2264-7775
인쇄 | 031-945-6554 두성 P&L
일원화 구입처 | 031-407-6368 (주)태양서적
등록 | 2020년 2월 3일 제2020-000024호
주소 | 서울특별시 중구 창경궁로 18-1 동림비즈센터 505호
ISBN 979-11-91724-45-5 (13370)

책값은 뒤표지에 있습니다.

Kyoushitsuto gakkouno miraie manabino inobeshon
ⓒ2023 Manabu SATO
All rights reserved.
Originally published in Japan by Shogakukan Inc.
Korean translation rights arranged with
Shogakukan Inc., through Shinwon Agency, Co

이 책의 한국어판 저작권은 신원에이전시를 통해 저작권사와 독점 계약한 (주)교육과실천에 있습니다.
저작권법에 따라 한국 내에서 보호를 받는 저작물이므로 무단 전재 및 복제를 금합니다.

차 례

저자 서문 · 12
역자 서문 · 15

제1부
신종 코로나 대유행 하의 배움 혁신

포스트 코로나 시대의 학교 혁신
- 시대 속의 교육 · 20
- 신종 코로나의 최대 희생자는 아이들 · 22
- 학교와 교실의 혁신 · 24

미래 사회의 전망과 배움의 재-혁신
- 교육과 사회의 미래를 어떻게 그려 갈 것인가? · 28
- 제4차 산업혁명 · 31
- SDGs 교육 · 32
- 배움의 재혁신 · 34

서로 듣는 관계로부터 탐구와 협동으로
: 신종 코로나 제약을 넘어서

- 대화로부터 탐구와 협동으로 • 36
- 대화로부터 생겨나는 탐구와 협동 • 40
- 학교(교실) 간의 격차를 넘어서 • 42

신종 코로나 하의 배움 개혁
: 과학적 자료에 근거한 대응으로

- 신종 코로나와 어린이 • 44
- 확대하는 학교 간 격차 • 47
- 새로운 학교로, 새로운 사회로 • 49

오키나와 본섬 남단의 학교에서 홋카이도 북단의 학교로

- 오키나와 본섬 남단으로 • 52
- 최북단의 소야로부터 • 56
- 학교 전체 개혁으로부터 배운 것 • 58

탐구와 협동에 의한 질 높은 배움으로
: 탐색적 회화에 의한 모둠 학습

- 탐구적인 배움의 요건 • 61
- 발표적 회화와 탐색적 회화 • 64
- 서로 듣는 관계·도움 요청·탐색적 회화 • 66

배움 손실의 회복에서 배움 혁신으로

- 신종 코로나 팬데믹에 의한 배움 손실 • 69
- 일본 아이들의 피해와 장래 리스크 • 72
- 배움의 회복에서 혁신으로 • 74

학교개혁의 슈퍼비전 (Supervision)
: 지난(至難)의 일

- 지도·조언이 아닌 협력·협동 • 77
- '시스템 사고'와 '디자인 사고' • 80
- 배움 혁신을 추진하다 • 82

학교 개혁의 지역 연대
: 가와구치시의 사례

- 시작이 결정적으로 중요 ... 85
- 키타중학교의 개혁 ... 88
- 개혁의 진일보로 ... 90

제2부
배움 혁신의 이론과 제언

배움 혁신은 왜 필요할까?
: 21세기형 수업과 배움으로

- 21세기형 수업과 배움 ... 94
- 학교와 교실 혁신 ... 95
- 수업 연구의 혁신 ... 96
- 배움의 재정의로 ... 98

배움의 환경과 관계 혁신

- 교실 환경 혁신은 필수 요건 • 100
- 교실 환경 개혁은 혁신의 제일보(第一步) • 103
- 초등학교 1,2학년은 ㄷ자형과 짝 학습 • 104

어떤 모둠 학습이 유효할까?

- 모둠 학습의 세 가지 종류 • 108
- 협동적인 배움의 이론 : 비고츠키의 근접 발달 영역 • 113

배움을 디자인하다
: 공유 배움과 점프 배움

- 디자인 사고에 의한 배움 개혁 • 118
- 공유의 배움과 점프의 배움 • 120
- 점프 배움의 효용 • 121

진정한 배움을 실현한다
: 교과 본질의 탐구

- 진정한 배움의 개념 ・124
- 배움에서의 진정성 ・127
- 진정한 배움을 실현한다 ・129
- 진정한 배움에 의한 배움 혁신 ・132

ICT 교육의 혁신

- 컴퓨터 활용의 교육 효과 ・136

특수 교육의 혁신

- 특수 학급의 현상 ・144
- 배움 권리의 실현과 질의 보장 ・146
- 평등 공정한 특수 교육으로 ・148

학교를 '관료 조직의 말단'이 아닌 '전문가 공동체'로

- 일본 학교의 특수성 · 152
- 구조적 개혁의 필요성 · 154
- 21세기형 학교로 · 157

제3부
배움 혁신의 글로벌 전개

학교 개혁과 수업 개혁의 국제 연대

- 배움의 공동체 국제회의 · 162
- 중국에서의 배움의 공동체 · 164
- 개혁의 네트워크 · 168

배움의 공동체 글로벌 네트워크

- 국제회의 개최 · 170
- 신종 코로나 하의 학교 현실 · 173
- 태국의 전진에서 배우다 · 175

국제 연대의 현재에서 미래로
- 제10회 배움의 공동체 국제회의　　　　　• 178
- 각국의 개혁의 진전　　　　　　　　　　• 180
- 새로운 과제와 국제 연대　　　　　　　　• 184

저자 후기　　　　　　　　　　　　　　• 186

저자 서문

　국내 저서가 해외 독자들에게 읽히는 것은 저자에게 최고로 행복한 일입니다. 운 좋게 이 책의 역자이자 존경하는 교육학자 손우정 박사에 의해 제 저서의 대부분이 한국판으로 번역되어 한국의 많은 교사들에게 애독되어 왔습니다. 본서도 그간 출간된 책들과 나란히, 많은 독자들께 읽히기를 기대하고 있습니다.
　이 책도 지금까지의 저의 저서 이상으로 한국 교사분들이 읽어 주셨으면 합니다. 그 이유는 두 가지입니다. 하나는 코로나19 팬데믹과 정치적 변화로 인해 한국의 학교와 수업과 배움이 큰 전환점에 서 있기 때문입니다. 지금까지 인류는 여러 번 팬데믹을 겪었지만 팬데믹이 수습된 후 원래의 사회나 세계로 돌아온 적은 한 번도 없었습니다. 팬데믹은 사회와 세계를 파괴하고, 팬데믹 이후에는 새로운 사회와 새로운 세계가 창조되어 왔습니다. 이번 팬데믹도 마찬가지입니다. 우리는 새로운 사회, 새로운 세계, 새로운 교육, 새로운 학교, 새로운 교실, 새로운 수업, 새로운 배움을 창조하는 노력을 즉시 시작해야 합니다. 본서의 제목을 『배움 혁신 : 교실과 학교의 미래를 위하여』라고 한 것은, 이 취지에 따른 것입니다. 이 책이 새로운 학교, 새로운 교실, 새로운 수업, 새로운 배움으로 가는 길의 '나침반'이 되었으면 좋겠습니다.

이 책을 읽어 주셨으면 하는 또 다른 이유는 한국 교육의 현주소에 있습니다. 팬데믹과 이후 4년간 저는 해외 다수 학교의 개혁에 관여하고(올해 '배움의 공동체' 국제회의에는 31개국 2,000명이 참가), 작년 9월 이후에는 매월 2회의 페이스로 해외 출장을 가서 많은 나라 학교의 현황과 개혁을 접해 왔습니다. 그 나라들 중 솔직히 말해서 한국의 현 상황이 가장 어렵습니다. 팬데믹의 피해는 다른 나라와 비교해 평균 수준이지만, 정치적 변화가 두드러지면서 교육 정책, 교사 정책, 학교 정책, 수업 개혁에 있어 '격변'이라 할 만한 큰 변화가 일어났습니다. 사회도 변화했습니다. 경제 격차와 교육 격차가 한층 확대되고, 학교는 혼란스러워지고 교사도 분단되었습니다. 가장 심각한 것은 배움 혁신의 정체와 후퇴, 그리고 교사의 모럴 저하와 분단입니다. 지금 한국의 학교 개혁과 교사들의 실천에 가장 필요한 것은 세계적 시각에서 미래 교육에 대한 비전과 사회과학적이고 교육학적인 학교와 교실의 분석, 그리고 아이들의 배움의 존엄과 인권, 교사의 존엄과 전문성을 핵심으로 하는 배움의 혁신을 꾀하는 동시에 혁신과 학교 개혁의 비전을 수립하고 철학을 세우는 일이라고 생각합니다.

이 책이 한국의 양식 있는 교사들의 개혁적 실천 진로를 보여 주는 해도(海図)가 되기를 바랍니다.

   마지막으로 본서 번역에 수고해 주신 손우정 박사, 출판을 실현해 주신 교육과실천 출판사 그리고 오랜 세월 '배움의 공동체' 개혁으로 연대해 주신 훌륭한 교사분들께 진심 어린 감사를 전합니다.

2023년 10월 1일
사토 마나부

역자 서문

최근 코로나 팬데믹을 겪으면서 모두가 입을 모아 했던 말이 "이제 이전의 사회로는 돌아가지 않는다.", "미래는 예측 불가능하고 불투명하다."는 것이다. 과연 그럴까? 그렇다면 미래는 어떻게 준비해야 할까? 의문을 가지면서 급격하게 바뀌어 가는 학교 문화와 교실 문화에 불안과 두려움을 안고, 매일 학교로 교실로 향하며 수업과 교사와 아이들을 마주해 왔다.

이 두려움과 막연함으로 하루하루를 보내던 중에 『배움 혁신 : 교실과 학교의 미래를 위하여』를 만났다. 책을 받자마자 읽어 보고 바로 번역에 들어갔다. 지금까지 내가 번역했던 책 가운데 제일 빨리 번역을 끝낸 책이다. 지금 우리 교육의 현실에서 한시라도 빨리 교사들과 함께 읽고 싶었기 때문이다.

이 책은 2023년 7월에 일본에서 출간과 동시에 베스트셀러가 되었다. 저자인 사토 마나부 교수의 명성도 독자들의 관심을 모으는

데 영향을 미쳤겠지만, 그것이 전부가 아니라는 사실을 책을 읽으면 알게 될 것이다.

저자는 "미래는 전혀 앞날이 불투명 할 수가 없으며 전혀 예측할 수 없는 것도 아니다."라고 단언한다. 적어도 ① 신종 코로나 팬데믹, ② 제4차 산업혁명, ③ SDGs(지속가능발전목표)의 세 가지 요인으로 앞으로의 사회와 교육이 움직일 것이라고 한다.

우리는 신종 코로나 팬데믹을 일시적인 멈춤으로 기억 속에 남겨 두려 하지만, 코로나 팬데믹으로 인한 휴교와 온라인 수업으로 아이들이 입은 배움 손실은 경제적인 면에서나 아이들의 미래 삶에 어마어마한 영향을 미치고 있다.

저자는 이 배움 손실의 원인과 규모를 정확한 데이터와 함께 제시하면서, 또 한편으로는 팬데믹 상황에서도 지속되어 온 다양한 질 높은 배움의 실천들을 통해 우리에게 교훈을 주고 있다. 그렇다. 코로나 팬데믹에 대한 정확한 분석 없이 미래 교육을 예측할 수는 없는 것이다.

그리고 저자는 21세기형 수업과 배움을 향한 배움 혁신의 이론을 제언하고 있다. 배움과 교과의 본질, 배움 디자인, 특수 교육과 ICT(Information and Communication Technology) 교육의 혁신, 나아가 학교 혁신을 위한 슈퍼바이저의 지난한 역할에 이르기까지, 지금 현장에서 우리의 고민을 들여다본 듯한 내용들이다. 뿐만 아니라 이러한 배움 혁신의 문제를 일본 교육만이 아니라 전 세계적인 상황과 함께 소개하고 있다. 아시다시피 '배움의 공동체연구회'는 세계 연구회로 자리 잡고 있으며, 2023년에 제10회 국제 세미나를 일본 동경에서 개최하였다. 10년간 축적해 온 세계 학교와 교실 개혁의 상황은 지금 이루어지고 있는 교실 개혁과 배움 혁신을 세계 개혁의 동향 속에서 전망할 수 있는 안목을 우리에게 안겨 준다.

코로나 팬데믹 3년간 우리 교직 사회에도 많은 변화가 일어나고 있다. 그 변화 가운데 가장 안타까운 것이 거의 10여 년에 걸쳐 만들어 낸 교사들의 '배움의 공동체(Professional Learning Community)'가 흔들리고 있다는 것이다. 교사에게 최고의 연수원은 학교이고 교실이며 수업의 최고 전문가는 교사인데, 그 전문가들이 서로 배우는 연구회가 예산 문제로 위축되고 교사들의 무관심으로 해체 위기를 맞으면서 교사들의 배움의 장이 축소되고 있다는 사실이다.

교사는 혼자 성장할 수 없는 직업이라고 한다. 동료 교사와 함께 수업을 나누고 아이들의 배움을 연구하면서 진정한 행복을 누리는 직업이다. '배움 혁신'을 통해 그 행복을 누렸으면 좋겠다. 이 작은 한 권을 통해 코로나 팬데믹 3년이 우리에게 남긴 상처를 치유하고, 21세기형 학교와 배움으로 나아가는 큰 지혜와 용기를 얻으시기 바란다.

2023년 10월
손우정

'배움혁신'으로
미래의 학교와 미래의 교실을 만들기 위한
그 기본 이론을 제시하다

제1부

신종 코로나 대유행 하의 배움 혁신

포스트 코로나 시대의 학교 혁신

시대 속의 교육

일본의 교육, 학교, 수업, 배움에서 긴급한 과제는 혁신이다. 일본의 교육은 혁신에 있어서 세계 각국에 비해 25년 뒤지는 셈이다. 1989년 냉전 체제 붕괴 후 세계화가 일거에 진행되면서 세계 어느 나라에서나 정치, 경제, 산업, 교육의 혁신이 급속하게 진전되었다. 그러나 33년 전 일본은 세계에서 경제가 제일 성공했던 나라였지만, 거품 경제의 한복판에서 일말의 위기 인식도 없이 모든 분야의 혁신이 실시되지 않은 채 방치되어 왔다. 그 결과 30년 넘게 일본의 경제, 산업, 사회, 교육은 몰락의 길을 걸었고, 경제 성장률에서는 세계 최저 수준(코로나 직전에 세계 170위), 교육 개혁도 가장 늦은 나라 중 하나가 되어 있다.

베를린 장벽 붕괴 이후, 세계의 학교와 교실은 역사적 전환을 이루어 왔으며 대부분의 나라에서 140년 전에 성립된 교사 중심의 일제식 수업의 교실은 자취를 감추고 학습자를 중심으로 한 탐구와 협동의 배움 교실로 변화했다.

그러나 일본의 학교와 교실 혁신은 여러 외국과 비교하여 25년 정도 뒤지고 있다. 수업과 배움 혁신만 뒤처진 것이 아니다. 33년 전에는 세계 톱 30개사 가운데 21개사가 일본 기업이었지만 현재는 톱 50개사 가운데 일본 기업은 토요타 한 개가 49위에 있을 뿐이다. 이 30여 년 동안 세계 각국의 GDP는 평균 4배 성장했지만 일본의 GDP는 불과 1.6배밖에 성장하지 않았고, 각국의 실질 임금은 1.5배에서 10배로 상승했지만 일본 노동자의 실질 임금은 매년 하락하고 있다. 제동이 걸리지 않는 일본 엔화의 저하는 일본 경제 몰락의 증거이다. 정치, 경제, 산업, 교육 등 모든 혁신을 게을리해 온 결과이다. 거기에 신종 코로나 팬데믹이 덮친 것이다.

교육에서도 혁신을 게을리한 탓에 몰락은 불 보듯 뻔하다. 일본의 공교육비는 GDP 대비 비율로 보면 세계 138위로 전락하고 있다(2020년). 일본 대학 진학률은 전문 대학을 포함해도 세계 44위(2020년)까지 떨어졌으며 대학원 진학률은 OECD 38개국 중 29위이다. 가장 심각한 것은 교사의 교육 수준이다. 세계 교사의 약 3분의 1이 석사 학위를 취득하던가 대학원 수준의 교육을 받고 있지만 일본 교사의 석사학위 취득률은 초등학교에서 5%, 중학교에서 9%, 고등학교에서도 20% 이하이며 세계 최저이다.

학교 교육에서 혁신의 지체는 교실의 책상 배치를 보면 일목요연하다. 책상이 앞쪽 칠판을 향해 일렬로 줄지어 선 19세기형 교실이 아직도 남아 있는 곳은 일본과 아프리카 남부와 북한 그리고 중국과 동남아시아 농촌 지역 정도일 것이다. 세계의 교실은 20년 이전부터 21세기형 교실 배치(초1, 2는 ㄷ자, 그 외는 4인 그룹)로 학습자 중심의 탐구와 협동의 배움을 실현하고 있다.

신종 코로나의 최대 희생자는 아이들

신종 코로나에 의한 배움 손실(learning loss)은 심각하다. 본래 달성해야 하는 배움의 질량과 비교하면 개발 도상국과 중위 국가에서 30%, 선진국에서도 17~20%의 배움 손실이 발생했다(유네스코, 유니세프, 세계은행). 일본의 경우, 학교 폐쇄 기간은 선진국의 평균 수준이었지만 학교 폐쇄 기간에 온라인 수업이 이루어지지 않았던 점(초중학교의 5%만 실시), 학교 폐쇄 후의 배움의 규제가 어느 나라보다 엄격했던 탓에 배움의 손실은 컸다고 상정된다. 더욱이 일본에서는 감염 대책에 따라 일제식 수업으로 되돌아가면서 손실도 컸다.

이에 더해 ICT 교육에 의한 배움 손실도 고려하지 않으면 안 된다. 어느 나라에서나 학교 폐쇄 기간에 ICT 교육이 적극적으로 활용되었지만, 개교와 함께 컴퓨터나 태블릿은 학교에서 모습을 감추었다. 하지만 일본에서는 학교 폐쇄 기간에는 ICT 교육이 사용되지 않고 개교하고 나서부터 과잉으로 사용되는 기묘한 현상이 일어났다. 일반적으로 컴퓨터를 수업에 활용할 때는 주의하지 않으면 안 된다. PISA(Program for International Student Assessment, 국제학업성취도평가) 조사위원회가 2015년 보고서에서 보여 준 것처럼, 학교에서의 컴퓨터 사용 시간이 길면 길수록 학력은 저하한다. 더욱이 맥킨지가 2020년에 실시한 조사 보고에 따르면 컴퓨터는 학생 1인 1단말기로 사용했을 때 가장 피해가 크고, 교사와 학생이 함께 사용한 경우도 피해가 있으며, 교사가 혼자 사용했을 경우만 효과가 인정되었다고 한다. 컴퓨터는 깊은 사고나 탐구에는 적절하지 않으며 배움을 개인화하기 때문에 학력 저하를 불러오는 것이다. 일본의 경우, 배움 규제에 더해 컴퓨터의 과잉 활용에 의한 배움 손실도 컸음을 추정할 수 있다.

한편, 신종 코로나 상황에서 제4차 산업혁명은 가속화되었다. 세계경제포럼의 보고에 의하면 2025년까지 세계 노동의 52%가 인공지능과 로봇으로 대체된다고 한다. 현재 12세 아동이 미래 갖게 될 직업의 65%는 지금은 존재하지 않는 일, 즉 현재의 노동보다도 지적으로 고도한 일이 된다. 그러므로 모든 아이에게 지적으로 고도한 탐구와 협동의 배움을 실현하고, 평생에 걸쳐 계속 배울 수 있는 기초를 제공하지 않으면 안 된다.

더욱이 신종 코로나의 충격에 따른 아이들의 경제 격차의 확대에 대해서도 인식해 둘 필요가 있다. 신종 코로나 이전부터 일본 아이들의 경제 격차는 OECD 41개국 중 최하위 8위였다. 경제 격차는 팬데믹에 의해 한층 확대되었다. 특히 싱글맘의 반수 이상은 빈곤층이며, 신종 코로나 상황에서 3분의 1 이상이 실업을 경험하고 3분의 1이 하루에 한 끼도 먹지 못하는 날들을 경험하고 있다.

학교와 교실의 혁신

일본의 정치, 경제, 산업, 교육의 몰락이 심각해지는 시대에 아이들의 현재로부터 미래에 걸친 행복을 어떻게 실현하면 좋을 것인가? 모든 것이 닫히고 막히고 앞날이 보이지 않는 시대 상황에서 교육의 희망을 이끌어내는 것은 쉬운 일이 아니다. 유니세프 연구소의 보고(2022년)에 의하면 일본 아이들의 정신적 행복 정도는 조사 대상국 38개국 가운데 끝에서 2위이다. 아무리 빈곤하더라도 아이들의 행복을 실현하는 교육 혁신이 무엇보다 시급하다.

배움 혁신을 추구하는 교사들

　교실과 학교의 미래를 열어 갈 지표로서 다음 몇 가지를 긴급 과제로 제시하고 싶다.
　첫째로, 배움 손실을 회복하고 배움 혁신을 수행하기 위해서 19세기형 교실로부터 하루빨리 벗어나 21세기형 교실로의 전환을 바로 실시하지 않으면 안 된다. 칠판을 향해 일렬로 책상이 배치된 교실에서 21세기형 탐구와 협동의 배움을 실현하는 것은 불가능하다. 신종 코로나의 배움 규제로 인해 원래 다른 나라들에 비해 25년 늦은 일본의 수업과 배움 혁신은 더 뒤처지게 되었다. 이대로 방치한다면 많은 아이가 미래에 직업을 갖지 못하는 상황이 벌어질 것이다.
　둘째로, 교사 일을 재정의할 필요가 있다. 19세기, 20세기 교사는 '가르치는 전문가'였지만 21세기 교사는 '배움의 전문가'이다. 30년 전까지의 교사는 교재를 연구하고 발문과 판서를 계획하고 지도안을 작성하여 수업을 해 왔지만 현대의 교사는 배움의 과제를 디자인하고 탐구와 협동을 코디네이터하고 배움을 관찰하고 판단하는 성찰(reflection)을 일의 중심으로 삼고 있다. 배움의 디자인과 코디네이션과 성찰이 현재 교사의 일이다. '가르치는 전문가'로부터 '배움의 전문가'로 전환하지 않는 한 교사들이 배움 혁신을 수행하는 일은 불가능하다.

셋째로, 학교 조직과 경영 혁신을 달성할 필요가 있다. 예전의 학교는 관료 기구의 말단으로, 공장 시스템의 경영(분업에 의한 운영)을 따랐다. 그러나 21세기 학교는 전문가 공동체로서 자율성을 확립하고 전문가 학습 공동체(professional learning community)를 표방하고 있다. 일본의 학교는 이 요청에 역행하고 있다고 말할 수 있다. 50년 전과 비교하여 교사의 개인 연수 시간은 3분의 1, 교내 연수 시간은 5분의 1로 격감하고, 교사들은 잡다한 회의와 쌓여 가는 교무 행정 업무로 장시간 노동에 내몰리고 있다. 학교 조직과 경영 혁신으로 회의와 잡무를 폐지 혹은 축소하고 학교 경영 중심에 교내 연수를 두고 배움 혁신과 교사의 배움을 추진하는 전문가 학습 공동체로서 학교로 전환할 필요가 있다.

넷째로, 지역 교육청의 자율성 구축과 개혁 비전 작성이다. 21세기 학교는 지역 공동체의 교육과 문화의 중심으로 재생되지 않으면 안 된다. 지방 분권 시대이다. 지역 교육청은 각기 지역 공동체의 교육과 문화의 미래를 구상하는 자율적인 비전과 정책을 창발해야 한다.

지역 교육청이 시도 교육청이나 문부성의 말단 조직으로 업무를

하는 한 일본 사회나 경제의 쇠락에 말려들어 학교의 미래도 지역 사회의 미래도 열어 갈 수 없을 것이다. 지역 교육청과 학교와 시민 등이 협동해서 아이들의 행복을 실현하는 배움 혁신을 실현하고 지역 사회의 미래를 열어 갈 창의적인 비전을 내걸고, 지역 독자의 교육 개혁을 추진하지 않으면 안 된다.

 이 창의적인 도전이 없는 한, 학교의 미래도 지역 사회의 미래도 아이들의 미래 행복도 실현되는 일은 없을 것이다. 모든 것은 혁신의 실현에 달린 것이다.

미래 사회의 전망과 배움의 재-혁신

교육과 사회의 미래를 어떻게 그려 갈 것인가?

　초등학교 1학년 아이들이 성인으로 사회에 참가하는 것은 약 20년 뒤다. 현재가 2023년이니까 2040년 전후가 된다. 그 시기의 사회는 어떻게 되어 있을까? 언제부턴가 교육 관련 문헌에서 미래를 두고 "앞이 불투명하다."든가 "예측할 수 없는 미래"라는 말을 상투어처럼 쓰고 있다. 그러나 과연 미래는 '예측할 수 없는 미래'이며 '앞날이 불투명'한 것일까?

　미래는 전혀 '앞날이 불투명'할 수 없으며 전혀 예측할 수 없는 것도 아니다. 적어도 ① 신종 코로나 팬데믹, ② 제4차 산업혁명, ③ SDGs(지속가능발전목표)의 세 가지 요인에 따라 앞으로의 사회와 교육이 움직일 것은 확실하다.

 교육의 미래를 결정짓는 첫 번째 요인은 신종 코로나 팬데믹이다. 이 팬데믹에 있어서는 일본을 포함한 세계 각국에서 백신 접종을 실시했고, 백신 접종이 최대한의 효과를 발휘했다고 하더라도, 신종 코로나 수습에는 3~5년을 소비해야 할 것이다. 세계화된 현대에는 전 세계 모든 나라들에서 집단 면역을 획득하는 상황이 출현하지 않는 한 팬데믹의 위기에서 벗어나기는 어렵다.

 더욱이 신종 코로나 팬데믹은 최근 20년간 빈발하고 있는 바이러스에 의한 다른 팬데믹과 마찬가지로, 근본적으로는 자연 파괴(임업 파괴)에 의한 것이며 자연 파괴를 근본적으로 해결하지 않는 한 제2, 제3의 '신종 코로나' 팬데믹이 발생할 위험이 도사리고 있다.

 신종 코로나에 의한 경제 파괴는 더 심각하다. 2020년 10월 자살자 수는 전년도에 비해 40% 증가하였으며 2020년 신종 코로나에 의한 사망자 수의 4배에 달하고 있다. 특히 초중고교생 및 젊은 세대의 자살률 급증이 두드러진다. 이 최대 원인은 경제 파괴에 있다고 말해도 좋을 것이다.

 지금까지의 대공황(1929년)과 리먼 쇼크(2008년)는 금융 기업과 주식 시장의 파괴에 의해 실체(實體) 경제가 피해를 본 경제 불황이었지만, 이번은 투자 자본주의에 의해 금융 기업과 주식 시장은 최고치를 유지하고 실체 경제가 파괴적으로 피해를 보고 있다. 이것은 부유층이 한층 더 자산을 획득하고 빈곤층이 점점 더 빈곤으로 내몰리고 있음을 의미한다. 이번 공황은 새로운 형태의 공황이며 앞으로 파멸할 실체 경제가 거꾸로 금융 기업과 주식 시장에 피해를 주는 상황이 도래할 것이다.

일본의 경제 위기는 세계에서도 가장 심각하다. 신종 코로나 펜데믹 전인 2019년 단계에 일본의 GDP 성장률은 세계 196개국 중 170위까지 전락했으며, '정체의 30년'에 의한 몰락이 두드러지게 나타나고 있었다. 따라서 신종 코로나에 의한 경제 손실 회복은 어느 나라보다 곤란하며, 다른 나라들이 2년 내지 3년에 신종 코로나 이전의 GDP로 회복하는 데 비해 일본은 5년 이상이 필요할 것으로 예상된다. 5년 후에 회복한다고 해도 세계 최저 수준이며 일본 경제의 어둠은 끝을 알 수 없는 상황이다.

신종 코로나는 세계 경제 지도를 새롭게 색칠하고 있다. 중국은 10년 이내에 미국을 앞지르고 세계 제1의 경제 대국이 될 것이다. 그리고 10년 이내에 인도가 미국을 앞지를 것도 확실시되고 있다. 20년 후의 경제는 중국과 인도를 중심으로 전개될 것이다. 이러한 세계 경제의 전망을 세우고 앞으로의 경제와 외교 정책을 입안해야 하며, 교육 개혁도 이런 국제적 시각에서 준비할 필요가 있을 것이다.

제4차 산업혁명

　신종 코로나에 의해 제4차 산업혁명이 가속화되고 있다. '제4차 산업혁명'은 2016년 세계경제포럼(다보스 회의)에서 보여 준 AI(Artificial Intelligence, 인공 지능)와 로봇, IoT(Internet of Things, 사물과 사물을 연결하는 인터넷)로 대표되는 산업혁명이다. 세계경제포럼은 2020년 10월 〈일자리의 미래 보고서 2020〉을 발표하고, 이미 노동의 29%가 기계화(AI와 로봇과 IoT로 대체)되고 2025년에는 52%의 노동이 기계화된다고 예측한다. 2년 후의 2022년까지 금융업에서 20%, 자동차 산업에서 19%, 소매업에서 17%, 정보산업에서 18%, 교육에서 14%, 행정에서 14%, 의료 보건에서 11%의 노동이 기계화된다고 한다.

　제1차, 제2차, 제3차 산업혁명과 마찬가지로 제4차 산업혁명도 실업만이 아니라 새로운 노동을 창출한다. 단, 지금까지의 산업혁명이 육체노동을 기술화한 것에 비해서 제4차 산업혁명은 육체노동보다 오히려 두뇌 노동을 기술화하고 있다. 새롭게 창출되는 노동의 대부분은 현재 노동보다 지적으로 고도한 일이다. 그 때문에 〈일자리의 미래 보고서 2020〉은 세계 노동자에게 향후 2년간 '101일분의 학습'을 행할 것을 주장하고 있다.

　현재 초등학교 6학년 아이들이 갖게 될 일자리의 65%는 지금 존재하지 않는 일이다. 이 극적인 변화에 학교에서의 배움 혁신은 대응할 수 있을 것인가?

최근 1년간 해외 출장은 불가능했지만, 수많은 온라인 국제회의에서 포스트 코로나 시대의 교육에 관해 세계 교육학자들과 논의를 거듭해 왔다. 세계 교육학자들은 최근 몇 년 제4차 산업혁명에 대한 대응을 논의해 왔다. 거기에서 공유된 결론은 '창조성', '탐구', '협동'에 의한 배움 혁신이 무엇보다 필요하다는 것이다. 아이들에게 있어서는 신종 코로나 감염 예방도 중요하지만 배움 혁신은 그 이상으로 중요하다. 그러나 이 3년간 신종 코로나 감염 대책에 쫓긴 다양한 제약하에서 배움은 나빠지고 있다. 아이들의 장래를 실업과 빈곤에 빠뜨리지 않기 위해서는 신종 코로나 하에서도 배움 혁신을 후퇴시켜서는 안 된다.

SDGs 교육

미래 사회와 교육을 규정하는 또 하나의 요인이 SDGs 교육이다. '지구의 한계(Planetary Boundary)'를 벗어나지 않는 사회를 건설하지 않고는 인류의 미래는 없다. 유엔은 2015년 SDGs(17개 목표. 169개 과제)를 결의하고 2030년까지 달성을 당부하면서 '누구도 소외되지 않는(leave no one behind)' 세계 건설을 내걸고 있다. SDGs는 앞으로의 사회와 교육이 나아가야 할 지표가 될 것이 분명하다.

이러한 세 가지 요인이 미래 사회와 교육의 결정 요인으로 기능할 것이다. 이 미래 전망에 입각하면, 현재에서 미래를 향한 교육 개혁에는 두 가지 원리가 떠오르고 있다.

하나는 '평등 공정한 교육(equitable education)'이며, 또 하나는 '배움의 재혁신(re-innovation of learning)'이다.

'평등 공정한 교육'이란 '누구도 소외되지 않는' 교육을 실현하는 것이다. 한 사람 한 사람의 존엄을 존중하고 누구도 예외 없이 배움의 권리를 보장하며, 한 명도 혼자되지 않는 교육을 실현하는 것으로 바꾸어 말할 수 있다. 신종 코로나, 포스트 코로나 시대, 제4차 산업혁명이 가속되는 시대에 이 중요성은 아무리 강조하고 강조해도 지나치지 않는다.

'배움의 재혁신'이란 '21세기형의 배움(액티브 러닝)'을 더욱 혁신하는 것을 의미한다. '질 높은 배움'의 추구이다. 더욱 고도한 '창조성'과 '탐구'와 '협동'을 실현하는 배움으로 바꾸어 말해도 좋을 것이다. 신종 코로나로 인해 예전의 생활로 다시 돌아가는 일은 없을 것이다. 앞으로 구축하지 않으면 안 되는 사회와 생활은 완전히 새로운 사회와 생활이며 완전히 새로운 노동이다. 그 요청에 응할 수 있는 배움의 재혁신이 요구되고 있다.

배움의 재혁신

신종 코로나가 세계와 일본을 직격한 직후 1년간 여러 제약이 있었지만, 각지의 학교 약 50개교를 방문하였고 온라인 회의와 온라인 방문을 통해 10개가 넘는 나라들의 학교 교육 상황을 주시해 왔다. 절망적인 현실 속에서도 어느 학교 할 것 없이 모두 '평등 공정한 교육'을 한층 전진시키고 '배움의 재혁신'을 추진하면서, 코로나 이전보다 '질 높은 배움'을 실현하고 있었다. 그러한 학교의 아이들과 교사의 모습은 눈이 부실 정도였다.

하뉴시 이즈미초등학교

2021년 1월부터 2월에 걸쳐 방문한 학교 두 곳을 소개하겠다. 하나는 사이타마현 하뉴시의 이즈미초등학교이다. 이 학교를 방문한 것은 처음이었지만 요시노 카즈미 교장은 배움의 공동체 개혁을 함께한 10년이 넘는 동료이다. 이 학교 교사들은 연수를 통해 '배움의 디자인', '배움의 코디네이터', '배움의 성찰'에서 높은 전문성을 추구하고, '창조성'과 '탐구'와 '협동'이라는 '21세기형의 배움'을 실현하고 있다. 모든 교실의 배움이 훌륭하고 뛰어났으며, 모든 학년의 미술 작품도 높은 교육의 질을 상징적으로 보여 주고 있다.

또 하나의 학교는 고베시의 마루야마중학교이다. 이 학교는 3년 전부터 방문하고 있으며, 이번이 세 번째 방문이다. 예전에는 고베시에서 가장 곤란한 학교였으며 신종 코로나 하에서 아이들의 빈곤은 더 심각해지고 있었다. 하지만 지금은 모든 학생이 유연하게 서로 버팀목이 되어 배움의 주인공으로서 수준 높은 과제에 도전하며 서로 배우는 학교로 변화하고 있다. 학생들의 모습에 감동하여 저절로 눈물이 날 정도였다. 여기에 미래 사회와 교육에 대한 희망이 있다.

서로 듣는 관계로부터 탐구와 협동으로
: 신종 코로나 제약을 넘어서

대화로부터 탐구와 협동으로

긴급 사태 선언이 한창이던 2021년 6월 11일 치카사키시의 하마노고초등학교를 방문했다. 이 학교는 1년 전 교사의 절반이 바뀌고 이번 봄에 또 약 절반의 교사가 바뀌었다. 작년에 교장도 바뀌고 새로 온 교장은 이 학교 창립기에 교사로 근무했던 아오야기 카즈토미 선생님이었는데, 불과 1년 만에 교육위원회로 되돌아가고 이번 봄에 또 중학교로부터 타카하시 레이 교장이 새로 부임했다. 신종 코로나 제약하에 이 정도 대규모 이동이 계속되면 개혁이 지속되기가 몹시 어렵다. 23년간 계속된 개혁을 지속해 가는 것이 가능할까? 그런 걱정을 안고 간 방문이었다. 그러나 모든 교실을 방문하고는 작년 이상으로 순조롭게 학기를 시작하는 데 안도했다. 보호가 필요한 아이와 준요보호의 아이가 30%에 달하고 교실에 다수의 특별지원을 요하는 아이들이 있는 이 학교에서, 배움의 공동체는 한 명도 남김없이 배움의 권리를 실현하고 질 높은 배움을 보장하는 필수 요건이다.

배움의 공동체 개혁의 핵심은 '서로 듣는 관계'에 있으며, 그로 인해 성립하는 대상 세계(텍스트)와의 대화, 타자와의 대화, 자기와의 대화를 통한 배움에 있다. 그 획기적인 의의를 3학년 담임인 베테랑 니시오카 선생님의 실천으로부터 배웠다.

니시오카 선생님의 교실에는 배움에 곤란을 겪은 호우키(가명, 이하 아이들의 이름은 전부 가명)가 있다. 이 호우키가 4월 초에 쓴 한 문장이 있다.

"곱셈을 생각하는 것이 어려웠다. 7과 1이 되면 7보다 아래의 수가 되지 않는다. 타츠야의 설명이 이해하기 쉬웠다."

이 호우키가 한 달 반이 지난 6월 초순에는 다음과 같이 쓰고 있다.

"알게 된 것은 '몇 개분'입니다. '몇 개분'은 곱하는 수입니다. '몇 개분'은 곱셈의 '1개당 양×몇 개분=전체의 양'으로 쓸 수 있어 간단합니다. 몰랐던 것은 '1개당 양'입니다. '1개당 양'은 곱셈에서 곱해지는 수의 어려운 이름입니다. 생각했던 것은 '1묶음분'입니다. 1묶음분은 예로 5묶음이 있고 5묶음 전부 동시 사용하는 것이 1묶음분입니다. 전부 재미있었습니다."

불과 한 달 반 만의 호우키의 변화는 경악할 만하다. 4월에 쓴 문장은 '下'라는 한자 외에는 전부 히라가나였다. 그러나 6월에 쓴 문장에서는 '알게 되었다', '몇 개분', '수', '곱셈', '1개당 양', '전체의 양', '이름', '생각했다', '전부', '즐거웠다' 등 대부분이 한자로 쓰여 있다. 한자 사용의 극적인 증가는 호우키의 사고가 추상적인 것으로 발달했다는 것도 의미한다.

사실 4월의 문장에는 수학적 개념을 하나도 쓰지 않은 것에 비해서 6월의 문장에서는 '곱하는 수', '1개당 양', '몇 개분', '전체 양', '곱해지는 수', '1묶음분' 등의 수학적 개념을 적확하게 사용했다.

이 변화는 호우키 속에서 '내언(사고의 도구로서의 언어)'이 발달했음을 의미한다. 초등학교 3, 4학년생의 수업을 관찰하면 아이들의 '내언'이 발달하여 '자기 내 대화=사고'가 일거에 발전하는 것을 확인할 수 있다. 호우키는 그 전형이다. 비고츠키가 탁견한 바와 같이 아이는 '외언(커뮤니케이션의 도구로서의 언어)'이 먼저 발달하고 그 '외언'이 '내화(interiorize)'하여 '내언'이 발달한다. 호우키의 4월과 6월의 문장의 극적 변화는 그것을 단적으로 보여 준다.

또 하나 여기에서 배울 것이 있다. 호우키의 이 현저한 발달은 무엇에 의해 생겨났을까? 이 변화는 자연적으로 생긴 것은 아니다. 그 기반에는 이 학교의 모든 교실에서 추구하고 있는 '서로 듣는 관계'에 기초한 대화적 배움이 있으며, 초등 1, 2학년 때 배운 짝 학습의 풍부한 경험이 있다. 6월 문장에 표현되어 있는 '1묶음분'은 작년 2년 차의 '곱셈'에서 배운 개념이다. 그 '1묶음분'이라는 개념을 사용하여 호우키는 '1개당 양'을 이해하는 것은 하고 있다. '1묶음분'에 의한 '1개당 양'을 이해하는 것은 지금까지 배운 분수나 비나 비율을 이해하는 데는 불충분하지만, 이 단계에서는 아주 잘했다.

1, 2학년 때 짝 학습에 의한 대화를 얼마나 풍부하게 경험했는가에 따라 호우키와 같은 비약적인 발달, 즉 '내언'의 극적인 발달이 이루어질 것인가가 결정된다. 거기에 4월부터 1개월 반 동안 3학년 교실에서 실시한 '서로 듣는 관계'와 4인 집단의 '탐색적 회화(exploratory talk)'에 의한 '탐구와 협동의 배움'이 직접적인 추진력이 되어 호우키가 눈부신 발달을 실현한 것이다(이 사진은 '서로 듣는 관계'의 훌륭함을 표현하고 있다).

니시오카 학급의 '서로 듣는 관계'

대화로부터 생겨나는 탐구와 협동

이날 제안 수업은 4학년으로 중견교사 후루야 켄이치 선생님이다. 그가 선택한 문학 작품은 〈곰 신사〉(아만키 미코 지음)였다. 잘 알려진 〈흰 모자〉와 마찬가지로 〈곰 신사〉도 판타지 작품이다. 택시 운전사 마츠이 씨는 손님인 '신사'가 자동차에 지갑을 두고 내린 것을 알게 되고, 지갑에 있는 명함의 '쿠마야 주식회사 쿠마노 쿠마요시'를 단서로 집을 방문한다. '신사'는 마츠이 씨를 거실로 안내하고 위스키와 진수성찬을 내놓는다. 그 '신사'는 사실은 곰이었고, 인간에게 내쫓겨 거처인 '감곡산'에서 동료와 헤어져 외딴 마을로 내려가 사람으로 둔갑해 살아왔다. 마츠이 씨는 취해서 의식을 잃었고 문득 정신을 차려 보니 '신사'의 현관 앞에 서 있었다. 마츠이 씨는 다시 현관 벨을 눌렀다. 집 안에서 빗장을 여는 소리가 나자, 마츠이 씨의 심장이 두근두근 울리기 시작했다. 여기에서 이야기는 끝난다.

일본의 이야기에는 〈주먹밥 데굴데굴(おむすびころりん)〉, 〈삿갓보살(笠地蔵)〉같은 몽환 세계로 워프하는 전통이 있으며, 또 한편에서 '이야기는 영(靈, 사물)의 이야기'(오리구찌 시노부)라고 말하는 것처럼 죽은 자의 영혼이 되살아나서 이야기하는 전통이 있다. 〈곰 신사〉는 전자의 몽환 세계로 워프하는 판타지지만 최후의 끝맺음 방식을 읽으면 '영의 이야기'로도 읽을 수 있을 것이다. 명작이다.

후루야 교사의 교실도 니시오카 교사의 교실과 마찬가지로, 아이들 한 명 한 명에게 서로 듣는 관계가 형성돼 있고 4인 모둠의 탐구와 협동도 훌륭했다.

문학 수업은 '서로 이야기' 하는 것으로 만들어서는 안 된다. 모두가 이야기하면서 이해했다고 하는 것은 문학 수업이 아니다. 문학에서의 진정한 배움은 텍스트와의 대화를 통한 개인의 배움에 있으며 '개인과 개인이 맞춰 나가는 것'에 있다. 문학의 읽기는 '독해'가 아니라 '읽고 그리기'이며 적어도 12분간 음독 내지는 묵독할 필요가 있다. 후루야 선생님은 이 기본을 이해한 수업을 전개하고 있었다. 12분의 텍스트와의 대화, 모둠에서의 '개인과 개인의 조정' 3회 이상 그리고 텍스트로 돌아와 도중에 음독을 3회 넣었다. 이 학급의 아이들은 개성이 풍부한데, 그 다양한 개성으로 읽기가 퍼져 나가고 있었다.

이 교실에는 ADHD를 가진 켄타가 있다. 켄타는 반년 전에 홋카이도로부터 전학을 왔다. 그 켄타를 후루야 선생님은 제일 먼저 음독에 지명했다. 켄타의 읽기는 떠듬떠듬했지만 훌륭했다. 아이들은 실수 없이 술술 읽는 것이 좋은 읽기라고 생각하지만 그 인식은 잘못된 것이다. 한 글자 한 글자를 느끼고 한 글자 한 글자의 이미지를 읽으면서 그리는 읽기가 좋은 읽기다. 수업 도중에 후루야 선생님은 작가 '아만 씨'의 〈낭독〉을 들려주었는데, 켄타의 읽기는 그것을 수업 시작에서 체현하고 있었다.

수업에 빠져들어 간 켄타였지만 도중에 한차례 교실을 나가 책을 한 권 안고 들어왔다. 그 직후 그의 발언이 멋지다. "이 '코타탄산'의 '코탄'이라고 하는 것은 아이누(일본 홋카이도의 원주민)의 말로 '취락'을 의미한다."

학교(교실) 간의 격차를 넘어서

하마노고초등학교의 연구회에서 돌아오는 길에 최근 1년간 국내 각지의 약 50개교, 해외 약 20개국(온라인)의 교실을 참관한 상황을 떠올리게 되었다. 배움의 공동체 개혁을 추진하는 학교는 한 명도 소외되지 않는 평등 공정한 교육을 실현하고 탐구와 협동을 통한 질 높은 배움을 추구해 왔다. 그러나 지금도 일본 문부과학성과 지역교육위원회의 '가이드라인' 하에서 한 명 한 명을 독립시켜 교사 주도의 일제식 수업을 하는 학교도 적지 않다. 그런 교육청이나 학교는 아이들의 배움의 권리와 미래에 관해 무엇을 생각하고 있을까?

수업 중 아이들끼리의 감염 사례는 한 건도 검증되지 않았음에도 불구하고 아이들은 일제히 앞을 바라보며 책상에 앉아 일제식 수업을 받으며 배움으로부터 소외되고 배움의 권리를 빼앗기고 있었다. 탐구와 협동의 배움을 추구해 온 학교(교실)와 일제식 수업의 틀에 아이들을 강제로 밀어 넣고 있는 학교와의 교육 격차는 확대될 뿐이다.

여러 외국은 어떠한가? 내가 알기로 신종 코로나 대책으로 일본처럼 한 명 한 명 떼어내 앞을 향하도록 하고 일제식 수업을 한 나라는 코로나 촉발 직후를 제외하면 중국과 일본과 대만밖에 없다. 그러나 곧 중국과 대만은 코로나 제압에 성공해 10월경에는 서로 마주 보는 'ㄷ'자형 또는 4인 모둠으로 배치를 바꾸었다.

구미 여러 나라는, 이것도 내가 알기로는, 개교 당초 1개월은 책상을 떼어 앉았지만, 아이들끼리는 감염이 잘 일어나지 않는다는 사실을 확인하고 바로 보통 때와 같이 4인 모둠으로 되돌리고 있었다. 원래 여러 선진국에서 책상이 일렬로 앞을 향한 일제식 수업은 20년도 넘는 이전에 자취를 감추었으니 당연한 일이다. 신종 코로나의 대책은 중요하지만, 아이들의 배움의 질을 저하해서도 안 되며 배움의 권리를 빼앗아서도 안 된다. 교사가 가르쳤다고 해서 아이들이 배우고 있는 것은 아니며, 배움은 타자와의 협동이 필요하며, 배움은 혼자서는 성립하지 않는 것이다.

신종 코로나 하의 배움 개혁
: 과학적 자료에 근거한 대응으로

신종 코로나와 어린이

신종 코로나 팬데믹으로 인해 아이들의 배울 권리는 박탈당하고, 학교에서의 배움 개혁은 많은 제약을 받는 상태에 놓였다. 팬데믹 자체는 '자연재해'이지만 아이들의 배울 권리의 박탈 제약은 '인재'이다. 이러한 일련의 학교 정책은 과학적 데이터와 과학적 지견에 기초한 것일까?

신종 코로나 팬데믹 발생 이후, 많은 과학적 데이터와 과학적 지견이 축적되어 왔다. 신종 코로나 바이러스는 SARS의 변이체이며 SARS와 마찬가지로 ACE2 효소를 수용체로 한다. ACE2 효소는 연령과 함께 발현량이 증가하는 것으로, 10대 이하 아이들에서 발현량은 현저하게 적다. 따라서 아이들은 감염이나 발병이 잘 되지 않으며 중증화로도 가지 않는다(단, 영유아는 위험). 이것은 팬데믹 발생 당초부터 알려져 있었다. 더욱이 최근 연구에서 아이들은 유·소아기에 빈번하게 감기에 걸리면서 코로나형 바이러스에 대한 항체를 갖추고 있다는 점도 지적되었다. 이러한 특징은 델타 변이에서도 마찬가지이다. 델타 변이로 인해 2021년 8월 20일 현재, 10대 이하 감염자 수는 종래의 변이와 비교하여 4배 이상이지만, 중증화율은 20대에서 전체 감염자수의 2.2%, 10대 이하에서는 전체 감염자수의 0.6% 정도이며, 치사율은 0.00%이다.

물론 어린이도 감염은 되고 학교에서도 집단 감염은 발생한다. 그러나 어린이 감염자의 60%는 가정, 40%는 지역에서의 감염이며, 학교 내 감염은 중고등학교 동아리와 합숙을 제외하면 미미하며 대부분은 교사로부터 감염된다. 교실 내에서 어린이 서로 간의 감염 사례는 전무에 가깝다. 학교와 교실은 아이들에게 가장 안전한 장소이다.

이러한 과학적 데이터가 있음에도 불구하고 지금도(2021년 8월 현재) 18개국에서 학교 폐쇄가 이루어져 6억 명의 아이들이 배울 권리를 빼앗기고 있다(유니세프). 2020년 학교 폐쇄로 인해 세계의 어린이가 상실한 배움의 질을 회복하려면 7년 3개월에서 7년 9개월이 필요하며, 그 상실로 인해 손실된 아이들의 생애 임금은 2021년 단계에서 1,000조 엔에 달하고 있다(세계은행 추산. 2022년에는 2,000조 엔). 미국의 경우 5개월 학교 폐쇄만으로 아이들의 생애 임금의 손실은 평균 700만 엔에 달한다(맥킨지). 일본의 무의미한 학교 폐쇄에 의한 장기적인 경제 손실은 3조 7,000억 엔이다(OECD). 다른 손실이나 미래의 세금 부하를 포함하면 터무니없는 엄청난 손실과 부하가 아이들을 덮치고 있다. 세계은행은 경제적 지위에서 하위 50% 어린이의 30% 가까이가 배움의 상태가 나빠짐에 따라 평생 취업할 수 없거나, 직장을 갖게 되더라도 23~37% 정도의 연 수입 저하로 이어질 위험이 있다고 예측한다.

신종 코로나하의 배움의 공동체(목화: 나가이 마사루)

일본 학교에서도 과학적 데이터를 돌아볼 겨를도 없이 문부과학성과 지방 교육위원회의 '가이드라인'에 따라 일제식 수업으로 돌아가 배움의 질이 나빠지고 있다. 그렇잖아도 일본이 '21세기형 배움(탐구와 협동)'으로의 혁신이 약 20년이나 뒤떨어져 있다(PISA 보고 2003)는 점을 고려하면, 신종 코로나로 인한 아이들의 장기적인 피해(생애 임금 저하, 실업의 위기, 세금 부담 등)는 미국과 동등하거나 개발 도상국에 가까운 수준이라 해도 좋을 것이다. 게다가 앞서 살펴본 것처럼 신종 코로나로 제4차 산업혁명은 가속화되고 2025년에는 노동의 52%가 AI와 로봇으로 대체되며(세계경제포럼 보고), 현재 12세 어린이가 취업할 일자리의 65%는 지금 존재하지 않는 일이며 지금보다 더 지적으로 고도화 된다. 아이의 장래를 위해서는 '평등 공정한 교육'과 '배움 혁신(창조성과 탐구와 협동의 배움)'이야말로 긴급 과제이다.

확대하는 학교 간 격차

팬데믹 발생으로부터 1년 반(2021년 9월까지) 전국 70개교를 방문하고 해외 20개국의 약 30개교(온라인)의 교실을 관찰해 왔다. 일본의 특징은 배움의 질에 있어서 학교 간 격차가 눈에 띄게 커진 데 있다. 신종 코로나 대응에 내몰려 온 학교와 신종 코로나에 대응하면서도 '탐구와 협동의 배움'을 한층 더 추진한 학교 간의 격차이다.

학교 간 격차 확대의 최대 요인은 지역 교육위원회의 가이드라인에 있다. 지금도 일부 교육위원회에서는 과학적 데이터를 무시한 '가이드라인'이 수업과 배움을 심하게 제약하고 있다. 수업에서의 아이들의 상호 감염 사실은 확인되지 않음에도 불구하고 협동적인 배움이 제약되고 일제식 수업의 책상 배치로 아이들은 고립당하고 배움의 질은 나빠지고 있다.

원래 가이드라인은 법령이나 조례가 아니라 참고 기준이며 어떤 강제력도 없다. 게다가 학교의 수업이나 배움은 학교장의 관리권에 속한다. 추궁당하는 것은 교장의 식견이며 아이들의 현재와 장래에 대한 책임일 것이다. 그러나 이러한 기본적인 과학적 데이터를 인식하고 있는 교장은 얼마나 될까? 이 1년 반 동안 배움의 질적 저하로 인해 아이들 한 명 한 명에게 1,000만 엔 이상으로 추정되는 장기적 경제 손실을 주고 있다는 것에 대한 책임을 자각하는 교장은 얼마나 될까?

학교에서 일어나는 감염의 대부분은 교사들로 인한 것이다. 교사의 백신 접종, 학교에서 마스크 착용과 손 씻기, 이 두 가지를 철저하게 지키는 것이 감염 대책의 필수 요건이다. 그러나 2021년 8월 20일 문부과학성이 발표한 교사들의 백신 접종률은 불과 20%였다. 가장 필요한 코로나 대책이 실시되지 않은 채로 불필요한 제약에 의해 아이들의 배움이 빼앗기고 있다.

아이들에게 있어 코로나 팬데믹의 위기가 무엇인가를 다시 생각해 볼 필요가 있다. 배움의 권리 박탈과 배움의 질적 저하야말로 아이들에게 큰 위기이다. 또 하나의 수치를 제시하겠다. 2020년 10대 이하의 자살률은 전년도에 비해 130%나 된다. 여자 고교생은 2배

이상이다. 신종 코로나로 사망한 10대 이하의 어린이는 한 명도 없는데 많은 아이가 신종 코로나 하에 목숨을 끊고 있다. 이 사실은 신종 코로나로 인해 아이들이 최대의 희생자가 되고 있음을 이야기해 준다. 아이들 사이에 누구도 소외되지 않는 연대를 구축하고, 한 명도 남김없이 질 높은 배움을 보장하고 장래의 행복으로 연결되는 배움의 희망을 길러 가지 않으면 안 된다. 그것이야말로 가장 중요한 팬데믹 대책이다.

새로운 학교로, 새로운 사회로

지구는 46억 년 전에 탄생했지만, 바이러스는 30억 년 전에 탄생했다. 현재의 인류가 탄생한 것은 20만 년 전이다. 한 명의 인간은 37조 개의 세포를 갖고 있지만 체내에 380조 개의 바이러스와 공존하고 있다. 인류의 역사는 바이러스와의 싸움의 역사였다. 박쥐와 공생하는 바이러스 가운데 인간에게 위해를 주는 것은 8만 5,000 종류나 있다. 약 5,000년 전, 인류가 정주하여 집단으로 살게 되고 가축을 키우기 시작한 이후, 많은 팬데믹이 덮치고 그때마다 감염 지역의 3분의 1에서 반수가 넘는 사망자를 내며 팬데믹은 수습되었다. 아스테카 제국은 1521년에 스페인의 코르테스가 데리고 들어온 군대의 천연두 바이러스와 살모넬라균에 감염돼 2,000만 명의 인구가 200만

명으로까지 격감하고 소멸했다. 고대 문명의 붕괴도, 고대 그리스의 붕괴, 고대 로마의 붕괴도, 몽골 제국의 붕괴도, 시민 혁명도, 사회의 격변은 팬데믹에 의해 생겼다고 말해도 좋을 것이다. 팬데믹은 사회 시스템을 붕괴시키고 원래의 사회로 돌아가는 일은 없었다. 이번에도 마찬가지이다.

신종 코로나 팬데믹은 '격리'와 '자유 보장'이라는 두 가지를 동시에 추구하는 가운데서만 해결된다. 성공 예는 뉴질랜드, 한국, 대만, 중국이 보여 준다. 이들 나라에서는 한 사람이라도 감염자가 나오면 PCR 검사를 철저하게 하여 감염자를 격리하고 비감염자에게는 자유를 보장하여 적극적으로 백신을 접종시켜 왔다. 일본에서는 '코로나 대책과 경제의 양립'이라는 잘못된 정책으로 감염 대책도 경제 부흥도 함께 무너지고 '자숙'으로 정신과 신체의 '위축'을 만들어 왔다. '앞이 보이지 않는' 상황은 그 결과이다. 미국, 브라질, 인도 등, 신종 코로나 대응에 실패를 반복하는 나라가 많았는데, 일본도 그중 하나이다.

신종 코로나를 해결하는 방법은 단 하나이다. 세계의 모든 사람이 '감염자'가 되는 것이다. 즉, 감염자의 격리와 20대 이상 전원 백신 접종이다. 그러나 현재, 일본의 감염자 가운데 격리된 사람은 불과 10%이다. 이것으로는 감염 확대를 잡을 수 없다. 한편, 신종 코로나의 mRNA 백신 효과는 높다. 지금까지의 백신과는 달리 mRNA 백신은 항체 면역이 아니라 세포성 면역을 만든다. 즉, 감염 예방이 아니라 발병과 중증화를 억제하는 백신이다. 그 mRNA 백신이 의외로 감염 예방에도 효과가 있음이 개발 후 밝혀졌다. 델타 변이에 의한 백신 접종자의 감염이 보도되고 있지만 발병과 중증화를 억누르는 백신의 효력은 델타 변이에서도 변함이 없다. 7월 말 발표된 미국 CDC(질병관리예방센터) 조사 결과, 백신 효과는 감염자 전체에서 중증화율 0.004%, 치사율 0.001%를 보이며 효력이 높음을 증명하고 있다.

팬데믹을 극복해도 원래의 사회, 원래의 생활로 돌아가는 일은 없다. 새로운 사회, 새로운 생활로 이행하는 것이다. 학교도 마찬가지이다. 원래의 사회로 돌아가는 노력이 점점 위기를 증가시키는 것과 마찬가지로, 원래의 학교로 돌아가는 노력은 현실을 악화시킬 뿐이다. 새로운 학교 만들기로 발을 내딛지 않으면 안 된다. 자숙과 위축으로부터 새로운 사회도 새로운 학교도 생겨나지 않는다는 것은 분명하다. 배움 혁신을 중심에 두고 새로운 학교 만들기를 지금까지 이상으로 추진할 필요가 있다. 배움의 공동체 개혁을 추진하고 있는 학교는 어디라도 팬데믹 상황에서 탐구와 협동의 배움 창조를 지금보다 더 열심히 추진하고, 현재에서 미래로 연결되는 아이들의 행복을 교실을 거점으로 하여 개척하고 있다. 이 실천 속에 미래에 대한 희망을 걸 수 있다.

오키나와 본섬 남단의 학교에서 홋카이도 북단의 학교로

오키나와 본섬 남단으로

긴급 사태 선포 하인 2021년 9월 24일, 오키나와 본도 최남단 이토만시 코메스초등학교(타가 아키히코 교장)를 방문했다. 교구 내에는 오키나와 격전의 기억이 생생한 히메유리 탑과 마분닌 언덕 그리고 존 만지로가 미국에서 귀환한 상륙지 등 수많은 사적이 있으며, 바다거북이 산란하는 해안도 있다. 수많은 기억을 간직한 이 지역에서 배움의 공동체의 훌륭한 학교가 건설되고 있었다. 전날(9월 23일) 나하공항에서 항체 검사를 받은 후 이토만시로 이동하여 '나하 한걸음 모임'에서 강연을 했다. 강연장에는 참가 인원을 15명으로 제한하고 온라인으로 약 70명의 교사가 참가했다.

작년은 신종 코로나로 올 수 없었으니 2년 만의 오키나와 방문이다. 그 공백이 오키나와의 자연과 사회의 재발견을 촉구했다. 가쥬마루 등 오키나와의 나무에는 영성(spirit)을 느낄 수 있었다. 흙과 돌과 풀도 영혼을 품고 있다. 왜 그럴까? 오키나와에서는 자연이 사람들의 영혼에 호응하고 있는 것이다. 교사들도 마찬가지다. '나하 한걸음 모임'을 조직한 하츠카노 오사무 씨(전 나하시 초등학교 교장)와 타가 아키히코 교장을 비롯하여 오키나와 교사들의 교육에 대한 성실한 자세와 진지한 배움에는 본토에서는 볼 수 없는 영성과 은은한 빛이 있다.

다음날 코메스초등학교의 전 교실을 참관하고 아이들의 질 높은 배움과 교사들의 한결같은 수업 만들기에 감동했다. 이 학교가 배움의 공동체 개혁에 도전하기 시작한 것은 2년 전이다. 신종 코로나로 인한 많은 제약 아래 이 정도의 학교를 만든 타가 교장과 교사들은 존경받을 만하다. 이 학교는 '서로 이야기하는 대화'가 아니라 '서로 듣는 대화'에 의한 '질 높은 배움의 창조'와 '평가하는 관점에서 성찰하는 관점으로'를 표어로 한 수업연구로, '한 명도 혼자 두지 않고 누구나 계속 배우는 학교 만들기'를 추진해 왔다. 개혁의 비전이 단적으로 표현된 것이 훌륭하다.

이날 제안 수업을 한 이는 중견 교사 우에하라 마키 선생님이다. 그녀는 아이들이 배우는 것을 좋아하게 만드는 탁월한 능력을 갖추고 있었다. 오전 교실 참관에서 그녀가 작년에 담임을 했던 6학년 아이들이 서로 배우는 모습과 현재 담임하고 있는 5학년 아이들이 몰입하여 배우는 모습을 보고 우에하라 선생님의 역량에 감동했다. 오전 중 그녀의 사회와 국어 수업을 짧은 시간 참관했는데, 아이들의 탐구와 협동이 역동적으로 전개되는 점이 인상적이었다. 예로, 우에하라 선생님이 아무 말 하지 않아도 모둠에서 탐구하고 싶을 때는 아이들 스스로 모둠 학습을 시작하는 것이다.

제안 수업의 소재는 수학 '도형의 각'이었다. 처음에는 시내에 위치한 관광지 '유리마을'의 기하학 모양의 벽화가 큰 슬라이드 화면에 제시되었다. 그 후 배움의 과제가 제시된다. 이 수업의 '배움 디자인'은 '공유 배움 1 : 평행사변형은 평면에 붙여서 깔 수 있을까?', '공유 배움 2 : 사다리꼴, 일반 사각형, 오목(凹) 사각형은 각각 붙여서 깔 수 있을까?'이고, '점프의 배움'은 '어떤 조건이면 붙여서 깔 수 있을까?'였다. 삼각형을 붙여서 평면에 깔아 가는 모습은 초등학교에서 몇 번이나 본 적 있지만 사각형을 깔아 가는 문제는 중학교에서 밖에 본 적이 없다. 특히 오목 사각형에 관한 문제는 중학생에게도 수준이 높은 과제이다. 초등 5학년에게 이 수업의 '공유 과제'는 '점프 과제'라고 해도 좋을 것이다.

이토만시 코메스초등학교의 교실 풍경

아이들은 태블릿을 사용해 시뮬레이션으로 평행사변형, 사다리꼴, 일반 사각형, 오목 사각형이 깔리는지를 탐색했다. 태블릿을 사용하기 위해 수업 전반부는 개인 작업의 경향이 있었지만, 과제 수준이 높아짐에 따라 협동적인 배움으로 이행하며 탐구가 깊어졌다. 대부분의 아이가 '공유 배움'을 달성한 후 우에하라 선생님은 전체로 되돌려 '점프 배움'으로 이행하고 "어떤 조건이면 깔 수 있을까?"라고 묻자, 아이들은 "도형이 합동이면 깔 수 있다."고 대답했다. 거기서 또 하나의 '점프 배움'인 '정오각형은 붙여서 깔 수 있을까?'를 탐구하기 위해 모둠 학습으로 넘어갔다. 모둠 학습에서 정오각형은 합동이어도 붙여서 깔 수 없음을 확인하고 수업이 끝났다.

공개 연구회를 마치고 학교 뒤편 성터의 돌담에 뿌리를 내린 상록교목의 정신을 석양 속에서 바라보며 이 빛나는 아이들, 교사, 학교의 정신성(spirituality)을 재확인했다. 이 반짝이는 빛에 오키나와 교육의 미래가 비치고 있었다.

최북단의 소야로부터

열흘 후인 10월 4일, 홋카이도 최북단 소야곶에서 사할린을 조망하며 하마톤베쓰중학교 (호소야 타카시 교장)를 방문했다. 홋카이도 소야지구는 토지도 말라 있고, 자동차로 가도 가도 아무것도 없는 지역이 계속 이어진다. 그 지역에 하마톤베쓰 마을이 있는데, 여기서는 편의점에 가는 것도 자동차로 1시간이 걸린다고 한다. 홋카이도 변방 지역과 학교는 '버려질 위기'를 떠안고 있다. 이 위기에 빠지지 않기 위해서는 교육으로 아이들과 지역의 미래를 개척할 필요가 있다. 이 사명과 책임을 나를 초청한 쿠보 토시히로 교육장과 호소야 타카시 교장과 자동차 안에서 공유했다.

하마톤베쓰중학교가 배움의 공동체 개혁에 착수한 것은 2년 전 후지오카현 후지시립 모토요시와라중학교를 호소야 교장이 참관한 것이 계기였다. 배움의 공동체 모습에 감동한 호소야 교장은 홋카이도대학 모리야 준 교수에게 협력을 요청하고, 모리야 교수가 여러 차례 이 학교를 방문하며 개혁을 지원해 왔다.

이 학교는 '서로 듣는 관계로부터 진정한 배움으로', '배움과 돌봄과 수업 연구의 일체화'를 내걸고 작년에는 40회의 수업 연구회를 실시했으며, 올해는 1인당 7차례의 수업 공개로 60회의 연구회를 예정하고 있었다. 그 성과는 확실했다. 한 명도 예외없이 수업에 빠져들어 배우는 모습이 어느 교실에서나 실현되었고, 전국 평균을 10점이나 밑돌던 수학 학력은 전국 평균을 10점이나 웃도는 데까지 상승했다. 배움의 공동체 학교에서 보통 3년 내지는 4년에 달성할 성과를 불과 2년 만에 달성한 것이다.

공개 수업 연구회 당일, 모리야 교수와 함께 학교를 방문해 전 교실을 참관했다. 아이들은 소박하지만 품위 있는 인상을 주었다. 어려움을 안고 있는 아이도 적지 않지만, 모두가 친구와 교사로부터 따뜻한 돌봄과 지지를 받으며 한 명도 빠짐없이 몰입하여 서로 배우고 있었다. 불과 2년 만에 이런 위업을 달성한 호소야 교장, 교사들 그리고 그것을 지원한 하마톤베쓰 교육위원회에 경의를 표하지 않을 수 없었다. 이 공개 연구회에는 도내 각지에서 많은 교사들이 참관하러 왔으며 그들도 나와 같은 생각이었을 것이다.

오후에 제안 수업을 담당한 이는 이시쿠로 유지 선생님으로, 수업은 중학교 1학년 역사 '인정(院政)(역주: 상황(전대의 천황)에 의한 정치를 의미함)에서 무사의 진출로: 헤이케(평가(平家)의 정권과 멸망'이었다. '공유의 배움'에서는 '인정과 헤이케의 정권 장악 연표'를 완성하는 활동지가 배부되고, 자료로서 ① '헤이시(平氏)씨의 계보', ② '일본 무역 지도의 품목과 송의 사정'으로부터 '무사는 어떻게 정치의 실권을 쥐게 되었는가?'를 탐구하는 과제였다. 거기에 이어 '점프 배움'에서는 자료로 ① '단노우라의 지형과 사진', ② '단노우라 전투의 모습 (『헤이케모노가타리』에서 발췌)', ③ '겐페이 전란의 움직임(겐페이 세력도를 나타내는 일본 지도와 주된 전란의 연보)'가 배부되고, '왜 헤이케는 단노우라에서 멸망했을까?'를 여러 가지 요인으로 생각해 보는 배움이 전개되었다. 수업 양은 많지만 잘 구성된 배움의 디자인이었다.

이 수업은 입학하여 반년 만에 학생들이 탐구와 협동의 배움을 체득한 모습을 보여주고 있다. '공유 배움'의 '헤이시 계보' 해석에 학생들은 예상보다 많은 시간을 썼지만, 그 이외는 이시쿠로 선생님이 기대한 이상의 배움이 전개되었다. 그 후 협의회에서도 참관자들은 학생들의 상호 돌봄과 훌륭한 탐구를 한결같이 이야기했다.

학교 전체 개혁으로부터 배운 것

하마톤베쓰 지역에는 백조 등 야생 새가 날아 들어오는 굿차로호가 있다. 다음 날 아침 호수 주변을 걸으며 머나먼 시베리아에서 건너온 고니 떼, 월동 길에 찾아온 오리 떼를 만났다. 굿차로호는 람사르협약 지정지이며 수천수만 마리의 야생 새들이 날아들어 왔다가 여행을 떠난다. 백조나 오리는 V자형 대열로 날지만, 리더는 없다.

선두는 교대로 바꾸어 맡으며 앞을 나는 새와의 거리와 각도를 일정하게 하여 상승 기류를 만들어 내고, 최소 에너지의 최적치를 찾아 날고 있다.

학교도 마찬가지이다. 배움의 공동체 학교와 교실에서 리더는 존재하지 않는다. 서로 듣는 관계를 기반으로 한 의사소통으로 교사도 학생도 개혁의 방향성과 에너지의 최적치를 서로 찾고 있다. 이토만시의 코메스초등학교와 하마톤베쓰 마을의 하마톤베쓰중학교의 학교와 교실 개혁을 참관하고 그 생각을 더 강하게 갖게 되었다.

'서로 듣는 의사소통에 의한 개혁'이라는 시스템론적 사고가 학교 개혁과 교실 개혁에서는 중요하다. 이 시스템론적 사고에 의한 개혁을 가능하게 하는 것이 코메스초등학교의 타가 아키히코 교장과 하마톤베쓰중학교의 호소야 타카시 교장의 훌륭한 학교 경영이다. 이 두 교장은 '개혁의 비전'을 명확하게 제시하고, 아이와 교사 한 명 한 명을 세심하게 지원하면서 누구도 예외없이 교사와 아이들의 질 높은 배움을 실현하고 있다. 아이들도 교사도 리더의 인솔하에 배우는 것이 아니라 한 명, 한 명이 주인공이 되어 배움의 공동체를 조직하고 있다. 이 두 학교가 개혁에 성공하게 된 비밀이 바로 여기에 있다.

두 학교를 방문한 때는 신종 코로나 제5차 긴급 사태를 선언한 바로 직후였다. 국내의 많은 학교가 휴교나 배움을 제한함으로써 아이들의 배울 권리를 빼앗고 있었다. 이렇게 배움의 질적 저하가 심각했던 시기에 두 학교 모두 교육과 지역 경제 위기에 직면하여 아이들과 지역 사회의 미래를 개척하고 있었다. 거기에서 우리는 미래의 희망을 볼 수 있다.

탐구와 협동에 의한 질 높은 배움으로
: 탐색적 회화에 의한 모둠 학습

탐구적인 배움의 요건

 신종 코로나 아래 지역 간, 학교 간 배움의 질의 격차가 확대되고 있다. OECD나 유네스코, 세계은행은 신종 코로나에서 빈곤층 어린이들의 학습과 정서, 심신 건강의 피해는 일반 어린이들의 5배로 산정한다. 신종 코로나는 빈부 격차를 확대하고 있지만 그 몇 배로 교육 격차도 확대하고 있다. 팬데믹 발생 후 2년간 일본 내의 약 70개교, 해외 20여 개국 약 50개교(해외는 온라인)를 방문하여 배움 혁신을 지원해 왔는데, 가장 우려한 것이 지역 간과 학교 간의 교육 격차 확대이다.

 일본 내의 학교에 한해서 말하자면 내가 방문한 학교는 현 내 혹은 시내에서 가장 어려운 환경에 있는 학교가 많은데, 신종 코로나 2년간 학력이 도도부현 내 혹은 시내에서 상위권으로 뛰어오른 학교가 적지 않다. 학력 평균이 100점 만점에 20점 혹은 30점이나 상승한 학교도 적지 않다. 배움의 공동체 실천의 성과이지만, 냉정하게 생각해 보면 이러한 기적적인 학력 향상은 결코 기쁜 일이 아니다. 신종 코로나하의 배움 규제로 인해 다른 학교의 배움의 질이 현저히 떨어진 결과이기도 한 때문이다. 신종 코로나 아래 일제식 수업으로 돌아간 학교(지역)와, 탐구와 협동의 배움을 계속한 학교(지역)와의 사이에는 잴 수도 없을 만큼 교육 격차가 벌어지고 있다.

내가 방문하는 학교의 대부분은 코로나 감염 대책을 충분히 이행하면서 탐구와 협동의 배움도 한층 발전시켜, 아이 한 명 한 명의 배움의 권리를 보장하며 장래의 행복으로 이어지는 배움을 실현해 왔다. 지금 학교에서 가장 필요한 것은 신종 코로나 상황에서도 일제식 수업으로 돌아가지 않고, 질 높은 탐구적이고 협동적인 배움을 모든 아이에게 보장하는 일이다.

그렇다면 질 높고 탐구적이고 협동적인 배움이란 어떤 요건을 갖춘 배움일까? 그 요건은 여러가지 들 수 있다.

① 한 명 한 명이 배움의 주인공이 되어 수업 시작에서부터 마지막까지 열중하여 배우기
② 한 명도 혼자 되지 않고 모든 아이가 서로 의지하는 돌봄의 관계 성립

③ '서로 이야기하기, 서로 가르치기'가 아닌 '서로 듣기, 서로 배우기'의 모둠 학습 실현

④ 교과의 본질을 추구하는 높은 수준의 '점프 배움' 조직

이 네가지 요건은 모두 중요하지만, 여기에서는 ③의 '서로 이야기하기, 서로 가르치기'가 아닌 '서로 듣기, 서로 배우기'를 모둠 활동으로 실현하는 것의 의의에 관해 이론적 기초를 살펴보겠다.

모둠 학습은 '서로 이야기하기'가 되지 않는 것이 가장 중요하다. 배움은 알고 있는 세계에서 미지의 세계로 떠나는 여행(경험)인데, '서로 이야기하기'는 이미 알고 있는 것의 교류로 거기에서는 배움이 성립하지 않기 때문이다. 실제로, 서로 활발하게 이야기하고 있는 모둠에서 한 명 한 명의 발언을 기록하여 분석해 보면 아무것도 배우고 있지 않음을 알 수 있다. 배움이 성립하고 탐구 활동이 이루어지고 있는 모둠은 활발하게 서로 이야기하는 것이 아니라 조용히 속삭이고 소곤소곤 이야기를 교류하고 있다. 조용한 중얼거림과 소곤거림이 교류되는 모둠 학습의 교실이야말로 질 높은 탐구와 협동의 배움이 수행되고 있는 교실이다.

발표적 회화와 탐색적 회화

탐색적 회화로 서로 배우는 학생들

모둠 학습에서의 '서로 듣기, 서로 배우기' 활동의 중요성은 1990년대에 런던대학교의 더글러스 번즈(Douglas Barnes)가 지적하였고, 일본에서는 이치야나기 토모노리(동경대학교)가 번즈를 부연하여 탐구하고 있다. 번즈는 모둠 학습에서 아이들의 발화를 '발표적 회화(presentational talk)'와 '탐색적 회화(exploratory talk)'로 나누고, 협동적 탐구는 '발표적 회화'가 아닌 '탐색적 회화'로 수행됨을 보여 주었다. '발표적 회화'란 "나는 이렇게 생각해.", "이것은 이거다."라고 하는 회화이며, '탐색적 회화'는 "이것이 힌트가 되지 않을까?", "이것하고 저것이 관련된 것이 아닐까?"라고 하는 것처럼 생각을 더듬어 가면서 추론하고 사고하는 회화이다. 협동적 배움에서의 '탐색적 회화'의 중요성은 그 후 캠브리지대학교의 닐 마샤(Neil Mercer)로 계승되어 유럽 여러 나라에서 협동적인 배움의 가장 강력한 이론적 기초가 되고 있다. 런던시 캠든구에서 배움의 공동체 실천으로 획기적 성과를 올리고 있는 피터 더들리(캠브리지대학. 전 세계수업연구학회 회장)도 마샤가 추진한 오러시(Oracy)프로젝트의 일환으로 배움의 공동체를 실천하고 있다. '서로 듣는 관계'를 기초로 하는 '탐색적 회화'야 말로 질 높은 탐구와 협동의 배움에 중요한 요건이다.

<문제> 다음 이차 방정식의 답을 구하시오.

<공유 과제>	<점프 과제>
① $x^2+6x+7=0$	$ax^2+bx+c=0$ ($a \neq 0$)
② $2x^2+8x-6=0$	
③ $x^2-7x+5=0$	

신종 코로나 2년간 내가 협력한 대부분의 학교가 학력 향상을 달성했다고 이야기했는데 그들에게는 공통된 특징이 있다. '서로 이야기하기, 서로 가르치기'가 아니라 '서로 듣기, 서로 배우기'의 협동적인 배움에 의해 높은 수준의 '점프 배움'을 실현해 온 것이다. 즉, '탐색적 회화(중얼거림과 소곤거림)'에 의해 모둠 학습을 추진해 온 것이다.

구체적인 사례를 하나 제시하겠다.

2021년 6월에 참관한 키우 시립 키우세이류중학교(테라사키 마사토 교장)의 3학년 수학(수업자 : 시마자키 신) '이차 방정식(근의 공식의 도입)' 수업 사례이다. 전 시간에 수업에서 학생들은 이차 방정식을 인수분해로 푸는 방법을 배웠다. 이 수업에서는 이차 방정식을 $(x+p)2=k$의 형태로 변형하여 푸는 '공유 과제', 그것을 한층 더 응용하여 근의 공식을 이끄는 '점프 과제'가 설정되었다. 상당히 수준 높은 '점프 과제'이다.

이 학급의 아이들은 2년 전, 즉 그들이 1학년이었을 때 굉장히 힘든 학년으로 학력은 시내에서 최저선이었다. 하지만 이 수업 직전의 표준 테스트에서는 시내 22개교 중 상위권으로 뛰어올랐다. 이들의 1학년 때 모습을 참관을 통해 알고 있는 나로서는 이 결과에 놀랄 수밖에 없었다. 내가 보기에 30명의 학생 가운데 8명은 저학력이고 그들의 모습은 2년 전과 크게 달라 보이지 않았기 때문이다. 그렇다면 대체 무엇이 이 학생들의 눈부신 변화를 만들어 냈을까?

서로 듣는 관계·도움 요청·탐색적 회화

수업이 진행되면서 이들의 비약적인 학력 향상의 비밀을 발견할 수 있었다. 수업 시작 후 5분 만에 '공유 과제'의 모둠 학습이 시작되자 어느 모둠에서나 돌봄의 관계가 만들어지면서 돌봄에 의한 적극적인 관계가 배움을 추진했다. 각각의 모둠에 학습 곤란을 겪는 학생이 있었지만, 모든 모둠에서 한 명도 빠짐없이 배움을 보장하는 돌봄의 관계로 배움에 빠져들어 갔다. 그 돌봄의 관계가 탐색적인 회화로 이루어지는 것이 이 학급의 특징이었다. 이해한 학생이 모르겠다는 학생에게 일방적으로 가르치는 것이 아니라, 모르겠다는 아이가 "모르겠다."로 도움을 요청하면 "어디까지는 이해가 돼?"라고 물어본 뒤 모르겠다는 친구와 함께 생각하는 탐색적 회화로 서로 배움이 이루어지고 있었다.

게다가 '점프 과제'로 나아가자 놀라운 일이 벌어졌다. 한 모둠은 네 명 중 세 명이 저학력으로 '공유 과제' 때에는 학력이 중위권인 한 여학생이 탐색적인 회화로 세 명에게 대응하고, 마지막에는 가장 곤란한 학생을 세 명이 돌보고 있다. 하지만 '점프 과제'가 되자 지금까지 세 명을 돌보던 여학생이 '모르겠어'라고 도움 요청을 하고, 그것이 계기가 되어 지금까지 돌봄을 받았던 세 명이 돌보아 주던 여학생을 돌보는 활동을 전개한 것이다. 즉, '돌보는 학생'과 '돌봄을 받는 학생'의 관계가 역전한 것이다. 그 결과, 수준 높은 '점프 과제'를 네 명이 달성해 냈다. 나는 이 일련의 과정에 이 학급 학생들의 비약적인 학력 향상의 비밀이 있음을 확신했다.

이 사례가 보여 주는 것처럼 질 높은 탐구적이고 협동적인 배움은 '서로 듣는 관계'와 '도움 요청'과 '탐색적 회화'의 세 가지 요건으로 성립되다. '도움 요청'은 영어로 'help-seeking'으로 표현되며, "모르겠어. 여기 좀 가르쳐줄래?"라고 친구에게 도움을 요청하는 행위를 의미한다. 앞에서 기술한 모둠의 사례는 학력이 낮은 학생의 도움 요청이 중요함을 보여 주는 것이 아니라, 학력이 중상위권인 학생으로부터의 도움 요청도 협동적이고 탐구적인 배움에서 중요한 기능을 한다는 사실을 보여 준다. '점프 과제'의 수준이 중요하다는 것도 이 사례는 보여 주고 있다. 높은 수준의 '점프 과제'는 학력이 높은 학생이나 낮은 학생이나 모두 대등하게 만드는 기능을 발휘한다. 이 사례에서 '돌보는 학생'과 '돌봄을 받는 학생'의 관계가 역전된 것도 '점프 과제'의 수준이 높았기 때문이다. '서로 듣는 관계', '도움 요청', '탐색적 회화'의 세 가지는 질 높은 협동적이고 탐구적인 배움을 실현하는 교실의 공통된 특징이 아닐까? 이 세 가지 키워드는 배움의 공동체의 기적적인 성공을 푸는 열쇠가 되는 개념이며, 모둠 학습을 유효하게 기능시키는 핵심 요건이라 할 수 있다.

배움 손실의 회복에서 배움 혁신으로

신종 코로나 팬데믹에 의한 배움 손실

　세계의 학교가 배움 손실(learning loss)의 회복을 최우선 과제로 하고 있다. 유네스코와 유니세프와 세계은행은 공동으로 신종 코로나에서 발생한 배움 손실의 심각한 실태를 조사하여 2020년 10월, 2021년 6월, 12월의 3회에 걸쳐 상세한 조사 보고를 발표해 왔다. 그 개요는 다음과 같다.

① 신종 코로나에 의한 배움 손실(본래 도달해야 할 수준과 신종 코로나 하에서 도달한 수준과의 차이-후술)은 개발 도상국과 중위 국가에서 30% 이상, 선진국에서도 17~20%에 달하고 있다.

② 배움 손실로 인해 세계의 경제적 지위 50% 이하 어린이의

3분의 1이 평생 직업을 갖지 못하는 피해를 보고 있다. 세계 절반의 어린이는 직업을 갖게 되더라도 생애 임금을 27%에서 34% 손실했다.

③ 세계의 어린이가 신종 코로나로 배움 손실에서 잃은 생애 임금의 총액은 2,000조 엔이며, 이 액수는 세계 GDP의 14%에 해당한다. 생애 임금 손실액은 1년 전인 2020년 12월 단계에서는 1,000조 엔이었지만 최근 1년 사이 급증하고 있다.

④ 유네스코, 유니세프에서는 10세 정도의 읽고 쓰고 계산하는 능력밖에 획득하지 못한 아이들을 '배움 빈곤층(learning poverty)'이라고 부르는데, 그 비율은 신종 코로나 전의 53%에서 70%로 급증하고 있다. 선진국의 배움 빈곤층은 9%이지만 개발 도상국은 90%에 접근한다.

⑤ 빈곤층 아이들의 신종 코로나에 의한 영양·건강·정서·학력 등의 피해는 일반 아이들의 약 5배에 달한다.

이러한 개요만으로도 신종 코로나의 최대 희생자가 아이들이라는 것을 이해할 수 있다. 2021년 말, 세계불평등연구소는 세계 1%의 부유층이 부의 37.8%를 독점하고 하위 50% 사람들은 전체 부의 불과 2%밖에 소유하고 있지 않다는 조사 결과를 보고하였다. (일본에서도 1%의 부유층이 24.5%를 독점하고 하위 50%는 전체의 5.8%밖에 소유하고 있지 못하다). 신종 코로나에 의해 빈부 격차가 확대되고 있지만 교육 격차는 그것 이상으로 확대되고 있다.

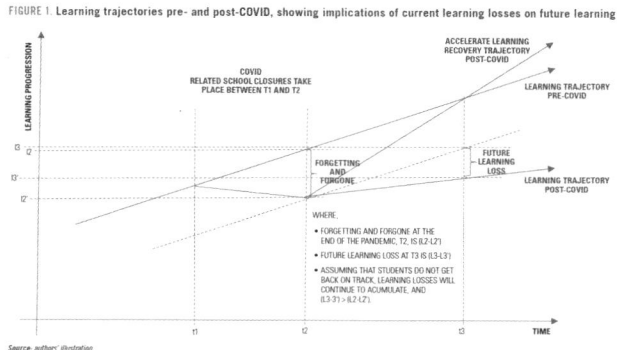

배움 손실의 모델 그래프 : 유네스코, 유니세프, 세계은행(2021)

　배움 손실에 대해서는 위 그래프를 봐 주기 바란다. 배움 손실은 배움 질량의 수준을 누가적인 것으로 하여 시간 축으로 나타내고, 팬데믹 피해로 낮아진 도달 수준과의 차로 계산된다. 그림에서 곧은 직선이 본래 도달해야 할 배움의 수준이다. 배움 손실을 나타내는 굽은 선은 학교 폐쇄(선진국은 3~4개월, 개발 도상국은 7~10개월)와 그 후의 제약으로 생기고 있다. 배움 손실은 휴교 당시의 망각(forgetting)과 뒤로 미루기(forgone) 및 개교 후도 배움의 누가 상승률이 휴교 전보다 저하함으로 인한 손실(future learning loss)의 세 가지로 계산된다. 그 결과 앞서 언급한 바와 같이 배움 손실은 개발 도상국과 중위국에서 30% 이상, 선진국에서도 17~20%로 계산되고 있다. 이 배움 손실의 회복에는 7년 3개월에서 7년 9개월이나 필요하다고 한다. 배움 손실의 회복과 배움 혁신이 세계 각국의 교육 최우선 과제가 되는 것은 어쩌면 당연하다.

일본 아이들의 피해와 장래 리스크

안타깝게도 일본에서는 문부과학성도 도도부현·시정촌 교육위원회도 감염 대책에 시종일관 집중하면서 아이들의 배움 손실과 장래 리스크에 대한 대응은 거의 실시하지 않았다. 그 결과 2021년 이후도 휴교를 실시하고 학급 폐쇄를 계속하면서 배움 손실과 장래 리스크를 회복하는 것이 아니라 증대시켰다. 원래 신종 코로나 바이러스는 ACE2 수용체와 결합한다는 것이 게놈 분석에서 밝혀졌고, ACE2 유전자의 발현량은 10대 이하에서는 현저하게 적다는 것이 2년 전에 판명되었다. 어린이는 잘 감염되지 않으며 감염되더라도 거의 중증으로 가지 않는다. 실제 대부분의 나라에서 어린이 사망자 수는 제로이다. 이 과학적 지식과 데이터가 알려진 뒤 대부분의 나라에서는 휴교도 학급 폐쇄도 하지 않고 있으며 배움 규제도 하지 않는다. 아이들에게 있어 학교는 가장 안전한 장소이며, 아이들에게는 감염 리스크보다 배움 손실에 의한 장래 리스크가 훨씬 더 크기 때문이다. 그러나 일본에서는 과학적 지식도 과학적 데이터도 무시한 '가이드라인'에 따라 휴교, 학급 폐쇄, 배움 규제가 반복되어 왔다.

일본 어린이들의 배움 손실이 여러 외국 이상으로 심각한 것도 인식해 둘 필요가 있다. 휴교 기간은 다른 선진국과 마찬가지로 3~4개월이었지만 갑작스러운 휴교였기 때문에 아무런 대책이 없었다. 대부분의 나라는 휴교 중 온라인 수업을 실시하고 TV나 라디오를 총동원하여 수업을 이어 나갔다. 그러나 일본의 공립학교에서 휴교 중 온라인 수업을 한 학교는 불과 5%, TV도 라디오도 수업 방송은 하지 않았다.

더욱이 일본에서는 학교 재개 후에도 '가이드라인'에 따라 일제식 수업으로 돌려 다양한 배움 규제가 이루어졌다. 일제식 수업은 140년 전에 성립한 시스템이며, 베를린 장벽이 붕괴한 30년 전부터 대부분의 나라에서는 일제식 수업을 폐지하고 세계화에 대응하는 '21세기형 수업과 배움(학습자 주체의 탐구와 협동의 배움)'으로 이행하고 있다. 일본의 수업과 배움 혁신은 세계 각국과 비교하여 20년 이상이나 뒤처지고 있다. 신 학습지도요령(역주 : 일본의 국가 교육 과정)은 그 뒤처짐을 단번에 만회할 것을 주된 목표로 하고 있지만 그 혁신의 기세를 신종 코로나가 꺾어 버렸다. 일제식 수업으로의 회귀와 배움 규제에 의한 배움 손실은 일본 특유의 현상이며 그 피해는 크다고 말하지 않을 수 없다.

일본 어린이들의 장래 리스크는 일본 경제의 쇠퇴로 심각해지고 있다. 세계은행과 IMF는 신종 코로나에 의한 경제적 피해에서 일본은 세계 최악이라고 지적한다. 대부분의 나라는 2020년, 2021년 연간 2~7%로 GDP를 성장시켜 내년이나 내후년에는 팬데믹 이전 상태로 회복할 전망이다. 그러나 일본은 신종 코로나 이전부터 GDP 성장률이 세계 최저(170위)로 침체해 왔다. 경제, 산업, 교육, 사회, 정치 혁신을 30년간 게을리해 왔기 때문이다. 신종 코로나 발생 후인 2020년과 2021년에도 일본 경제는 마이너스 성장을 이어오며 회복을 전망할 수 없었다. 그 엄중한 사회를 아이들은 살아가지 않으면 안 된다. 한편, 신종 코로나 아래 가속하는 제4차 산업혁명으로 현재 12세 어린이가 갖게 될 일의 65%는 지금은 존재하지 않는 보다 지적으로 고도한 일이 될 것이다. 어떤 측면에서 생각하더라도 한시라도 빨리 배움 손실을 회복하고 장래에 대비하여 배움 혁신을 수행하지 않으면 아이들의 행복한 미래를 준비할 수 없다.

배움의 회복에서 혁신으로

인류 역사에서 팬데믹은 항상 세계와 사회를 붕괴시키고 새로운 세계와 사회를 만들어 내 왔다. 원래의 세계, 원래의 사회로 되돌아가는 일은 없다. 원래의 학교로 돌아가는 것이 아니라 새로운 사회를 향해서 새로운 학교를 창조하는 개혁이 요구되고 있다. 그 개혁에서는 배움의 권리와 질의 보장을 이어 갈 '지속 가능성(Sustainability)'과 배움 손실의 회복을 실현할 '배움의 새로운 혁신'이라는 두 가지를 동시에 추구하지 않으면 안 된다. 이 두 가지가 실현되지 않으면 아이들의 현재로부터 장래에 걸친 행복(wellbeing)은 없으며, 학교 교육의 미래도 없다.

신종 코로나가 석권하고 2년간 매주 약 4회 속도로 홋카이도에서 오키나와까지 전국 각지의 학교를 방문하여 배움의 공동체 개혁을 지원해 왔다. 이 전국 행보와 병행하여 매월 2회의 속도로 세계 약 20개국에서 온라인으로 개최한 학회·강연회·심포지엄·연구회에 참가하여 각국에서 추진되는 배움 혁신을 지원해 왔다. 이 2년간의 경험을 통해서 감염 예방에만 시종일관하는 학교·지역·나라와, 배움 혁신을 추진하고 있는 학교·지역·나라의 격차가 크게 확대되고 있음을 실감했다.

감염 대책에 시종일관하고 있는 학교·지역의 특징은 신종 코로나에 관한 과학적 지식도 과학적 데이터도 없이, 배움 손실 리스크와 장래 리스크를 전혀 고려하고 있지 않다는 점이었다. 그것을 조장하고 있는 것은 '감염 예방과 경제의 양립'이라는 일본 정부의 어리석은 정책이다. '감염 예방과 경제의 양립'에서는 감염 예방도 실패하고 경제도 파탄하고 만다. 팬데믹에 대한 대처는 '격리(검사)와 자유 보장'이 뒷받침되어야 한다. 일본은 어리석은 정책으로 국민 전체에게 '자숙'을 강조한 결과, 사회도 경제도 교육도 위축되고 새로운 사회와 새로운 학교로 이행도 진전하지 못하고 폐색 상황에 빠지고 있다. 그 최대의 희생자가 아이들이다.

이미 선진국에서는 대졸이 아니면 취직이 불가능한 상황이 벌어지고 있다(미국의 신규 고용의 98% 이상이 대졸 이상이다). 배움 손실의 회복과 배움 혁신을 시급히 이행하지 않는 한 대량의 아이들이 '무용 계급(useless class)'으로 전락하고 말 것이다.

배움의 공동체 개혁은 2년간 이 위기와 마주하며 신종 코로나 아래서도 한 명도 빠짐없이 배움의 주인공이 되는 돌봄 공동체를 교실에 만들고, 지금 이상으로 질 높은 배움을 모두에게 보장하는 '탐구와 협동의 배움'을 실현해 왔다. 그 결과 신종 코로나의 다양한 제약을 넘어 국내외에서 배움의 공동체 개혁을 추진하는 학교와 지역이 한층 확대되고, 아이들의 배움은 한층 질 높은 수준에 도달하고 있다. 이러한 학교·지역에서는 위기가 개혁을 촉진하고 새로운 사회와 학교를 창조하는 혁신이 수행되고 있다. 이 사실도 신종 코로나가 창출한 사회 현상·문화 현상·교육 현상의 하나이다.

학교 개혁의 슈퍼비전 (Supervision)
: 지난(至難)의 일

지도·조언이 아닌 협력·협동

학교 개혁의 슈퍼비전은 복잡한 활동이며 지난한 일이다. 지금까지 국내 4,000개교와 해외 약 30개국 700개교의 학교 개혁에 협력해 왔는데 지금도 슈퍼비전의 어려움을 통감하고 있다. 원래 학교 개혁은 심각한 역설을 내포하고 있다. 학교 개혁이 가능하다고 생각한 사람은 학교 개혁을 달성할 수 없으며 학교 개혁이 불가능하다고 인식한 사람, 즉 학교 개혁의 절망적인 어려움을 잘 아는 사람만이 학교 개혁을 달성할 수 있다. 게다가 같은 과제를 안고 있는 학교는 하나도 없다. 모든 학교가 고유의 과제를 안고 있다. 더욱이 학교 경영이나 교사의 일은 복잡한 계통의 시스템으로, <현상 분석 → 원인

규명 → 해결책 제시>라는 '지도·조언'으로 대응해도 어떤 효과도 가져올 수 없다. 이 접근으로는 문제를 해결할 수 없을 뿐만 아니라 보다 심각한 다른 문제를 파생시킨다.

학교는 안에서만 개혁할 수 있다. 학교 개혁을 감독하는 일은 학교나 교실에 잠재하는 가능성을 통찰하고, 아이와 교사와 교장의 침묵의 목소리 속에서 '말로는 표현할 수 없는 바람'을 찾아내, 그 '침묵의 목소리'로부터 비전을 창출하여 학교 전체로 공유하고, 그 비전을 실현할 최적의 답을 교장과 교사와 함께 찾아내는 활동이다.

배움의 공동체 학교 개혁은 다수의 슈퍼바이저 활동으로 추진되어 왔다. 일본에서는 140여 명의 슈퍼바이저가 조직되어 각자 10~100개교를 맡아 방문하고 각지의 학교 개혁을 지원하고 있다. 작년(2021년) 배움의 공동체 국제회의에는 해외 31개 지역으로부터 2,000명이 넘는 교육학자와 교사들이 참가했다. 그 대부분이 각국에서 학교 개혁의 슈퍼바이저로 일하고 있다. 일본 내의 슈퍼바이저의 3분의 2는 퇴직 교장이며, 3분의 1은 교육 연구자이다. 해외의 경우는 현직 교장과 교사도 포함되어 있지만 대부분이 교육 연구자이다.

배움의 공동체 개혁은 '혁명'이므로 슈퍼바이저의 역할이 결정적으로 중요하다. 그 슈퍼바이저의 역할은 '지도와 조언'이 아니라, '비전과 철학과 활동 시스템의 공유'와 '현상 인식과 개혁 과제의 공유'에 기초한 '협력과 협동'이다. 극히 복잡하고 지극히 어려운 일이다. 국내외 슈퍼바이저들의 하루하루 위업은 감탄할 만하다.

내 입장에서 말하자면 슈퍼바이저 활동의 대부분은 언어화하기가 어렵고 장인적 재주(브리콜라주, Bricolage)가 필요한 일이다. 학교를 방문하면 교구(教區)를 관찰하고 정문을 둘러보고, 쉬는 시간 아이들의 목소리를 듣고, 교장실에서 교장과 인사한다. 그 과정에서 학교에 나오지 않는 부등교 수, 교실의 수업 상황, 학력 상황, 학급 상황을 오차 10% 범위 내로 대강 추량할 수 있다. 아이들의 목소리는 그러한 모든 것을 표현해 준다. 1년 전에 방문했던 학교라면 지난 1년간의 변화도 추측할 수 있다.

　오전 중에는 전 교실의 수업을 참관한다. 큰 학교라면 한 학급당 2분 정도를 할애하지만, 각 학급의 상황, 힘든 아이들의 상황, 교사가 안고 있는 고민, 교사와 아이들의 관계, 아이들 상호 간의 관계 등을 순간에 파악한다. 믿을 수 없겠지만 몇 분의 참관으로 아이들과 교사의 과거 3년간의 모습까지도 미루어 살필 수 있다. 교실에서 아이들의 사실은 하나하나가 학교의 모든 것을 상세하게 이야기하고 있다. 따라서 슈퍼바이저의 하루 활동 중에서 전 교실의 수업 참관이 가장 중요하다.

　오후는 전 교사와 함께 제안 수업을 관찰하고 수업협의회에 참가한 다음 나의 강평(슈퍼비전)을 진행한다. 제안 수업 관찰, 수업협의회 참관, 나의 강평은 전부 오전 중의 모든 학급 수업 참관에 기초하여 이루어진다. 이 강평에서 나는 '지도·조언'이 아니라 '내가 배운 것'을 모든 교사에게 전한다. '내가 배운 것'의 보고와 그것에 의한 대화가 슈퍼바이저의 실질적 활동이다.

'시스템 사고'와 '디자인 사고'

슈퍼비전을 유효하게 하기 위해서는 '시스템 사고'와 '디자인 사고'의 두 가지가 중요하다. '시스템 사고'란 학교나 교실에서 일어나는 일(문제)을 '속인적' 즉, 사람을 중심으로 이해하는 것이 아니라 복잡한 여러 요인의 '시스템'으로서 구조적으로 이해하는 것이다. 그러나 대부분의 교장과 교사는 학교와 교실에서 일어나는 문제의 시비를 '저 아이가 이러니까', '저 선생님이 이래서'라고 속인적으로 인식하고, 아이와 교사의 시비(유능함, 무능함) 혹은 책임(문제)으로 귀결시켜 인과관계로 이해한다. 그 문제를 만들어 내는 '시스템'의 구조적인 관계에 대해서 이해하고 있지 않다.

학교 개혁의 슈퍼비전은 <현상 분석→원인의 규명→해결책의 제시>라는 사고를 통한 '지도·조언'이 아니라, 학교나 교실의 '관찰'에 따라 문제의 복합적이고 구조적인 인식에 기초한 '공감'과 '과제 공유'인 것이다. 즉, 교장과 교사와 아이들의 고민에 대한 공감에서 시작하여 그들과 대화를 통해 '비전과 과제의 공유'를 실현하고, 그 과제를 극복하여 비전을 달성할 '프로토타입(prototype, 개혁과 실천의 모델)'을 '제안'하고 '공유'하는 활동이다. 이 일련의 과정은 '상황과의 대화'이자 당사자와의 '대화와 협동'이며 그를 통한 '비전과 과제의 공유'이다.

교내 연수 : 수업협의회 풍경

슈퍼바이저는 항상 무언가 결론적인 '제안'을 요구 받는데, 나는 '제안'은 세 개 이내로 좁히고 있다. 학교 개혁을 추진하려고 하면 대여섯 가지를 제안하고 싶은 충동에 사로잡히지만 "내일부터 이렇게 해 보시겠습니까?"라는 제안은 세 가지 이내로 좁히지 않으면 교장이나 교사가 창의적으로 실현시키기가 불가능할 것이다. 나의 경우, 보통 한 학교에는 연 1회 밖에 방문할 수 없기 때문에 1년 앞을 내다보고 '제안'을 세 가지로 짜 들어가지 않으면 안 된다. 제안하고 싶은 과제는 20~30가지도 더 되지만, 그중에서 교장과 교사 전원이 납득하고 공유할 수 있는 과제 세 가지를 골라내는 것은 다윈 고차 방정식으로 '최적의 답'을 찾아내는 것처럼 난해한 사고를 필요로 한다. 이 사고는 복잡한 맥락에서 복합적인 탐구를 하는 '디자인 사고'라고 말하면 좋을 것이다.

최종적인 '제안'은 "전 교사가 수업 공개를 1년에 최저 1회는 합시다.", "지금은 학교 전체가 공통의 연구 주제를 결정하고 있는데 앞으로는 개인별 연구 주제를 설정 합시다.", "옛날의 상세한 '수업 지도안'은 폐지하고 A4 한 장 정도의 심플한 '배움 디자인'으로 합시다.", "어떤 수업에서도 여학생을 60%로 지명합시다.", "'공유 배움'은 25분 이내에 끝내고 '점프 배움'에 보다 많은 시간을 배치합시다.", "첫 모둠활동은 수업 시작 후 5분 이내에 도입합시다." 등을 포함한 세 가지이다. 세 가지 '제안'은 그것을 추구함으로써 각각의 학교와 교실이 안고 있는 복합적인 문제를 구조적으로 해결하는 '최적의 답'이 된다.

배움 혁신을 추진하다

슈퍼비전의 중심적인 일은 교장과 교사를 '해방'시키는 데 있다. 교장도 교사도 '억측'이나 '엉뚱한 생각에 사로잡혀' 꼼짝 못 하고 그로 인해 학교 개혁이나 수업 개혁의 벽을 자기 자신 속에 부둥켜안고 있다. 예로 '조용히 교사의 이야기를 듣고 판서를 노트에 옮기고 있는 학생은 배우고 있다'라는 생각은 많은 교사가 안고 있는 '억측'의 하나이다. 실제 학생들은 아무것도 생각하지 않으며 배우지도 않고 있다. 그것만이 아니다. 학교나 교사에게 아무것도 기대하지 않는 현대의 아이들은 예전처럼 난폭하거나 교실에서 뛰쳐나가는 형태로 수업을 붕괴시키는 것이 아니라, 배우는 척하는 '배움 위장'으로 수업을 붕괴시킨다. 조용하게 교사의 말을 듣고 판서를 노트에 옮기고 있는 학생들의 교실은 현재의 '학급 붕괴'와 '수업 붕괴'의 전형적인 풍경이다.

원래 일제식 수업으로 모든 학생이 몰입하여 탐구적으로 배우는 교실은 세상에 하나도 없다. 일제식 수업으로 질 높은 배움이 실현된다고 하는 '억측'으로부터 교사와 학생을 해방시키는 것은 배움 혁신이 늦은 일본에서 특히 중요하다.

교사들을 구속하는 '좋은 수업을 하지 않으면 안 된다'라는 집착도 심각하다. '좋은 수업'을 추구하는 그 순간부터 교사에게는 아이 한 명 한 명의 배움이 보이지 않게 된다. '좋은 수업'을 추구하는 한, 교사가 아이 한 명 한 명의 배움에 공감하며 가까이 다가가기는 불가능할 것이다. 그러나 대부분의 교사가 '좋은 수업'을 추구하는 데 '사로잡혀' 있으며 그 '사로잡힘'으로 인해 스스로를 안으로부터 속박하고, 아이들의 배움이 보이지 않게 되었다. 이 속박으로부터 교사는 어떻게 해방될 것인가? '좋은 수업'의 추구에서 아이 한 명 한 명이 주인공이 되는 '질 높은 배움'의 추구로 교사 멘털 모델을 전환하는 일, 이것이 학교 개혁을 맡은 슈퍼바이저의 첫걸음이 될 것이다.

창의적인 교사는 아이들로부터 배우는 것이 가능하다. 어떻게 하면 아이들 한 명 한 명의 개성적인 배움의 사실로부터 배우고, 그러한 다양한 배움을 '질 높은 탐구와 협동'의 배움으로 높여 갈 수 있을까? 그것을 실현하고자 하는 학교는 교사들의 전문가 공동체로 재조직하지 않으면 안 된다. 그렇다면 '관료적 분업주의 공장 시스템'으로서의 학교를 어떻게 해서 전문가 공동체로 재조직할 것인가? 전문가 공동체로서의 학교는 교사들이 자율성과 공동성에 기초하여 실천과 경험의 성찰로 서로 배우는 동료성을 구축함으로써 실현되는데, 그 개혁을 어떻게 추진하면 좋을까? 이 개혁을 실현할 교내 연수 개혁은 어디에서부터 착수해야 할까? 슈퍼바이저의 역할과 책임이 크다.

학교 개혁의 지역 연대
: 가와구치시의 사례

시작이 결정적으로 중요

2022년에도 연일 각지의 학교와 교육위원회를 방문했다. 그중에서 가장 인상 깊게 남아 있는 곳은 가와구치시의 학교이다. 영화〈용선로가 있는 마을 : キューポラのある町(1962년)〉의 무대인 가와구치시는 옛날에는 '주물 마을'로 알려져 있었지만 1970년대에 주물업은 이전 또는 폐업으로 내몰려 지금은 사이타마현 인구 제2의 베드타운(bed+town : 신조어로 대도시 주변의 주택 구역으로 도심으로 일하러 나간 주민이 취침만을 위하여 돌아오는 타운이라는 뜻)으로 변모하고 있다. 학교 수는 초등학교 52개교, 중학교 27개교이다.

가와구치시에는 곤란을 겪는 학교가 많고 예전부터 방문하고 싶었다. 그 절호의 기회가 4월에 왔다. 2월 사이타마현 중학교장회 강연에서, 개혁을 추진하고 싶은 학교가 있다면 지원하고 싶다고 마지막에 전한 말이 계기가 되었다. 1개월 후 가와구치시에서 가장 힘든 아이들이 통학하는 카미네 지구 키타중학교와 안교 지구의 안교중학교로부터 지원 요청이 온 것이다.

배움의 공동체 개혁은 '파괴적 혁신'(지속적으로 혁신하는 개선이 아니라 혁명)으로 시작하지 않으면 안 된다. 따라서 시작이 결정적으로 중요하다. 개혁의 비전과 철학을 공유하고, 모든 교실 모든 수업 개혁을 교장이 제기하고 전 교사가 일제히 개혁을 시작하면 거의 확실하게 성공한다. 키타중학교와 안교중학교에는 아래의 내용들을 제안했다.

① 나의 저서 『학교를 개혁한다 : 배움의 공동체의 구상과 실천(이와나미 서점)』을 교사 1인 1권씩 구입 배포할 것
② 모든 교실을 남녀 혼합 4인 집단으로 책상 배치하기
③ 모든 수업은 '공유 배움(교과서 수준)'과 '점프 배움(교과서를 뛰어넘는 수준)'으로 디자인하기
④ 모든 교사가 연간 최소 1회는 수업을 공개하며 서로 배우는 계획을 세울 것, 이 네 가지를 학년 초부터 실시할 것

이 네 가지는 개혁을 성공시키는 비결이다. ①은 비전과 철학을 공유하는 가장 유효한 방법이다. 가볍게 사서 읽을 수 있는 북레터는 교사 전원에게 개혁의 지침으로 기능할 것이다. ②는 교실 환경 개

혁으로 '21세기형의 수업과 배움'을 위한 필수 요건이다. ③은 질 높은 탐구와 협동을 실현하고 ④는 한 명도 빠짐없이 개혁 당사자로서, 전문적 성장을 촉진하는 조건이다. 특히 ②와 ③에 의해 배움은 격변하고 아이들은 돌봄의 관계와 배움의 주인공으로 성장한다. 아이들의 성장은 교사의 성장보다 빠르게 진행된다. 그 조건을 정비하는 것이 개혁의 첫걸음이다. 교사의 성장을 기다리고 있어서는 어떤 개혁도 실현시킬 수 없다.

키타중학교와 안교중학교 두 교장의 리더십은 훌륭했다. 4월 7일 새 학년 시업식 직전에 안교중학교에서 강연하고, 5월 25일에 키타중학교를 방문하여 전 교실의 수업을 참관하고 수업협의회를 열었다. 두 교장은 내가 사전에 전달한 모든 제안을 실시하고 교내에 개혁을 위한 모든 준비를 해 놓고 있었다. 물론 교사도 처음 하는 도전이며 모든 것이 불안했음에 틀림없다. 그것은 강연 후 30개가 넘게 쏟아져 나온 질문으로 표현되고 있었다. 그러나 개혁에 반대하는 교사는 한 명도 없었다. 어쩌면 그만큼 학교의 현실이 심각했던 것이 아닐까? 두 교장은 교사들의 합의를 만들어 냈을 뿐 아니라, 모든 교사가 각지의 배움의 공동체 파일럿 스쿨을 방문할 계획도 세웠다. 게다가 키타중학교 교장은 카미네 지구 초중학교 9곳의 모든 교장 및 타 지구 교장들과 네트워크도 형성했다. 키타중학교의 제1회 연구회에는 카미네 지구 모든 교장이 참가했다. 8월 여름 방학에는 카미네 지구의 모든 교사들을 대상으로 하는 배움의 공동체 강연회가 열리고, 9월부터 9개교 전부가 개혁을 시작했다. 모든 게 예상을 웃도는 개혁의 시작이 되었다.

키타중학교의 개혁

5월 25일 키타중학교를 방문했다. 처음에 교실 안의 복도 측이 어두워 조금 놀랐다. 뭔가 복도 측은 벽으로 되어 잠수함의 창(철봉으로 둘러싼 작고 동그란 창)이 5개 정도 설치되어 있었다. 이 풍경에서도 이곳이 얼마나 격렬한 학교였는지를 알 수 있었다.

그러나 교실 분위기는 밝았다. 모든 교실이 남녀 혼성 4인 모둠으로 배치되고 학생들의 배움에는, '격변'이 일어나고 있었다. 교사들은 "불과 한 달 만에 학생의 배움이 격변하고 책상에 엎드린 학생이 없어졌다."고 말했다. 예상했던 변화지만 교사들에게는 신선한 충격이다. 이미 학생들은 급속한 성장을 이루어 내고 있으며 교사들도 그 변화를 확신하고 있었다. 이런 시작이라면 후퇴할 일은 없다.

나는 강연에서 '배움의 공동체' 원리와 방법에 관해 구체적인 사례를 제시하면서 설명했다. 강연의 목적은 하나다. 교사들을 억측과 사로잡혀 있는 생각들로부터 해방시키는 것이다. 교사들을 속박하고 완고하게 만들고 있는 것은 문부과학성도 교육위원회도 아닌 교사 자신의 억측과 사로잡혀 있는 생각들이다. 그 대표적인 것이 '교사가 가르치면 학생은 배운다', '주의를 주면 학생들은 좋아진다' 등일 것이다. 그러한 억측과 사로잡혀 있는 생각으로부터 자유로워질 때 교사는 아이들을 있는 그대로 받아들이고 수업을 창조적으로 디자인하며, 교사로서의 존립 방식을 바로잡고 아이나 동료와 새로운 관계를 구축하기 시작한다. 배움의 공동체의 비전과 철학과 활동 시스템은 그것을 가능하게 하고 있다. 연구회를 마친 후 교무실의 밝은 웃음소리는 교사들이 적어도 한 가지는 해방되었음을 이야기해 주고 있다. 그 모습을 확인한 교장은 곧바로 1월 23일로 예정되어 있는 시 지정 공개 연구회의 주제를 '배움의 공동체 연구'로 변경했다.

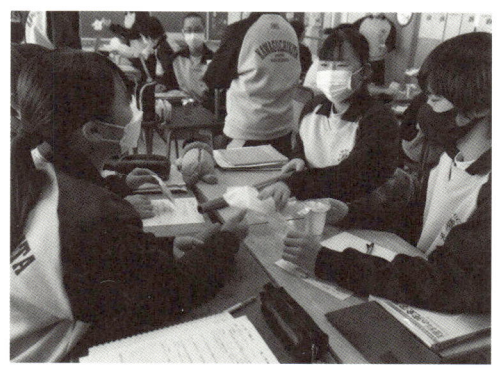

서로 배우는 가와구치시 키타중학교 학생들

그 1월 23일 키타 중학교의 공개 연구회에 참가했다. 모든 교실에서 교사들의 수업과 아이들의 배움을 참관했다. 한마디로 멋졌다. 그 누구도 혼자인 학생이 없었고, 모든 학생이 열심히 배움에 참가하고 있었다. 모든 수업이 '공유 배움'과 '점프 배움'으로 디자인되었고, 모든 교실에서 탐구와 협동의 배움이 실현되고 있었다. 작년까지만 해도 심각한 문제 행동이 연간 50건에 달하여 보호자 호출이 이어졌지만, 올해는 한 건도 발생하지 않고 부등교 수도 절반까지 줄었으며, 다음 해는 4분의 1이 될 거라 했다.

개혁의 진일보로

키타중학교에서 교사들과 내가 깊이 감명 받은 것은 카츠야(가명)의 변화였다. 카츠야는 내가 지금까지 만난 학생 중에서 가장 험난한 환경에서 살아온 학생 중 한 명이다. 카츠야는 조금 기분이 상하면 교사나 친구에게 폭력을 휘두르고 기물을 파손하고 공격적인 폭언을 퍼부었다. 책상에는 10분도 가만히 앉아있지 못했다. 그런 카츠야의 사정을 듣고 눈물이 복받쳐 왔다. 이보다 더 장렬한 불행을 체험한 학생이 또 있을까? 그 카츠야가 배움으로 격변했다. 배움은 아이들 인권의 중심이며 살아가는 희망의 중심인 것이다.

공개 연구회 날 카츠야는 과학실에서 모둠 친구들과 함께 '점프 과제'에 도전하고 있었다. 카츠야는 친구가 실험에 성공하여 다른 누구보다 기뻐하고 있었다. 그리고 갑자기 30명이 넘는 참관자 가운데 나를 발견하고 '아인슈타인'이라고 부르며 가까이 달려와 기쁨의 악수를 청해 왔다. 또 눈물이 복받쳤다. 이 확실한 반응이 교사들의 일상 개혁을 뒷받침하고 있었다.

약 열흘 후인 2월 1일. 키타중학교구의 카미네초등학교(아카하네 히로미 교장)를 방문했다. 가와구치 시내에서 가장 힘든 아이들이 다니는 초등학교이다. 9월부터 전 교사가 개혁을 시작하여 불과 5개월밖에 지나지 않았지만 눈부신 변화가 일어나고 있었다. 아카하네 교장은 "아이들이 부드러워졌다", "수업에서 자거나 배움을 포기하는 아이가 없어졌다", "수업 중에도 교문 앞에 10명 정도가 모여 놀고 있었지만, 지금은 한 명도 빠짐없이 모두 교실에서 수업에 참여하게 되었다"고 이야기한다.

다음 날인 2월 2일 가와구치시 교장회의 초대로 '배움의 공동체 개혁'을 주제로 강연을 했다. 키타중학교, 안교중학교, 카미네중학교, 카미네초등학교의 실적에 기반을 둔 강연이었다. 나의 강연에 앞서 키타중학교의 교장이 개혁 실천을 보고했다. 내 강연이 필요 없을 정도로 구체적인 사실과 교육적 식견에 기초한 멋진 보고였다.

2월 17일에는 안교중학교, 2월 20일에는 카미네중학교를 방문했다. 안교중학교에서는 4월 시업식 전, 카미네중학교에서는 8월 여름방학 때 강연을 했지만, 교실에서 수업을 참관한 것은 처음이었다.

안교중학교는 4월부터 개혁을 시작하여 10개월이 지났으며, 학교 전체가 온화하고 밝은 배움으로 둘러싸여 있었다. 카미네중학교도 키타중학교 이외의 카미네 지구의 8개교와 마찬가지로 개혁을 시작한 것은 9월 이후이며, 교사들은 '점프 배움'을 진행하는 방법과 평가에 대해서 의문을 품고 있었지만 학생들의 눈에 띄는 변화에 고무되어 있었다. 두 학교 모두 다음 해에는 더 발전된 전개를 이루어 갈 것이다.

키타중학교, 안교중학교, 카미네중학교에는 공통된 특징이 있다. 남학생들이 아주 상냥하고 여학생들은 구김살 없이 빛난다. 학생들을 보면서 영화 〈용선로가 있는 마을〉의 주인공 쥰(요시나가 사유리)이 중학교 3학년이었을 때를 떠올렸다. 요시나가 사유리가 연기한 쥰의 진지한 삶의 빛이 60년 세월을 넘어 지금 이들 중학교에서 되살아나고 있었다.

가와구치시에는 카미네 지구, 안교 지구 외에도 나카초·중학교 등 배움의 공동체 개혁에 착수한 학교가 여러 곳 존재하며, 학교 교장들끼리 '개혁 네트워크'를 조직했다고 한다. 앞으로 전개가 기대된다.

제2부

배움 혁신의 이론과 제언

배움 혁신은 왜 필요할까?
: 21세기형 수업과 배움으로

21세기형 수업과 배움

　세계 각국의 학교가 '21세기형 수업과 배움'으로 조용한 혁명을 일으킨 것은 1990년대였다. 베를린 장벽 붕괴(1989년) 후, 세계화의 대규모 진전에 따라 어느 나라 할 것 없이 산업주의 사회로부터 포스트 산업주의 사회(지식 기반 사회)로 이행하며, 노동 시장이 격변하고 농민이나 공장 노동자 등 단순노동자의 효율적인 양성 시스템이던 학교 교육 양식이 근본적으로 수정 되었다. 이 역사적 전환을 가장 특징적으로 보여 주는 것이 교사 중심의 일제식 수업 양식에서 학습자 중심의 탐구와 협동 양식으로의 변화이다.
　교사 중심의 일제식 수업 양식은 세계 공통으로 150년 전에 성립했다. 일제식 수업은 국민 국가 확립과 산업주의 사회 추진이라는 두 가지를 배경으로 제도화되었다. 그러나 1990년 이후 일제식 수업을 지탱해 온 두 개의 기반은 붕괴하고 세계의 학교는 포스트 산업주의 사회(지식기반사회)에 어울리는 '21세기형의 수업과 배움'으로의 전환을 이룬 것이다.

그 결과 칠판을 향해 아이들이 앞으로 나란히 배열된 전통적인 교실은 세계에서 자취를 감추고 초등학교 1, 2학년은 ㄷ자형(또는 동그랗게 둘러앉기)으로 마주 보고 앉아 전체가 서로 배우거나 짝 학습을 하고 초등학교 3학년 이상부터 고등학교 3년까지는 남녀 혼합 4인 모둠의 교실 배치를 통해 탐구와 협동의 배움을 추진하는 양식으로 변화한 것이다.

학교와 교실 혁신

'21세기형 수업과 배움'에서는 교사의 역할도 근본적으로 변화했다. 1980년대까지 세계의 교사들은 '가르치는 전문가(teaching professional)'였다. 교사들은 100년이 넘게 지도안과 발문 계획과 판서 계획을 준비하고, 교사가 중심이 되어 설명과 발문과 지명과 판서를 해 왔다. 입으로 일했던 것이다. 1980년대에 실시한 조사를 보면, 어떤 나라에서나 1시간 수업의 80%는 교사가 말하고 있었다.

그러나 '21세기형의 수업과 배움'을 추진하는 현대 교사들은 거의 말하지 않는다. 수업 시간의 80%는 아이들에 의한 협동적인 사고와 탐구 활동으로 보내고 있다. '21세기 교사'는 '가르치는 전문가'에서 '배움의 전문가(learning professional)'로 변화한 것이다.

'배움의 전문가'로서의 교사는 수업에서의 역할도 바뀌었다. '21세기형의 수업과 배움'을 추진하는 교사는 '배움의 과제 디자인', '탐구와 협동의 코디네이션', '배움의 리플렉션(성찰)'의 세 가지를 중심으로 활동하고 있다. 즉, 현대 교사는 배움의 디자인과 코디네이션과 성찰의 전문가이다.

수업 연구의 혁신

약 30년 전에 전 세계적으로 일어난 '19세기형 수업과 배움'에서 '21세기형 수업과 배움'으로의 전환은 수업 연구에도 변화를 가져왔다. 예전의 수업 연구는 '교재 연구 → 지도안 짜기 → 발문과 판서 계획 → 실제 수업 → 지도안을 검증하는 수업 협의회'라는 양식을 따랐다. 그 목적은 '수업 개선'이며 '수업 기술 향상'이었다.

이 전통적인 수업 연구는 일본에서 지금으로부터 90년 전에 학교 현장에 보급된 이래 아무런 변화도 없이 현재까지 계속되고 있다. 내가 시가현에 있는 비와호수 주변의 학교 창고에서 발견한 '교내 연수 기록부'(1935년~1937년)에 의하면, 4월에 연수부가 조직되고 연수부는 젊은 교사가 주도하는 연구 수업을 연간 3회 계획하고 매월 연수부 회의에서 교재 연구, 지도안 짜기, 발문과 판서 계획을 논의한 뒤 제안 수업을 실시한다. 제안 수업 후의 협의회에서는 참관 교사들로부터 '좋았던 점'과 '나빴던 점'이 지적되고 수업 '평가'와 수업자에 대한 '조언'이 이루어진다. 현재 많은 학교에서 실시하는 수업 연구는 90년 전과 같은 양식이다. 이것으로는 수업과 배움 혁신도, 교사의 전문가로서의 성장도 달성될 리 없다.

배움의 공동체 학교 개혁에서 수업 연구는 종래의 양식과는 근본적으로 다르다. 목적은 '수업 개선'도 '수업 기술 향상'도 아닌, '한 명의 아이도 빠짐없이 배움의 권리를 실현하고 배움의 질을 높이는 일'과 '교내 교사들이 전문가로서 서로 배우는 동료성을 구축하는 일'의 두 가지에서 찾고 있다. 관찰과 협의의 초점은 '교사의 가르치는 방식'이 아니라 '아이들의 배움 사실'이며, 참관자는 배운 것을 교류하고 결코 '평가와 조언'은 하지 않는다. 협의회에서는 교사 전원이 한마디씩 발언할 것을 약속한다. 게다가 교사 전원이 매년 각기 '개인 연구 주제'를 설정하여 연간 최소 한 번은 동료에게 수업을 공개하여 서로 배우는 체제를 만들고 있다.

'21세기형의 학교'는 아이들이 서로 배우는 장소인 동시에 교사들도 전문가로서 서로 배우는 장소이며, 보호자나 시민도 개혁에 참여하고 협력하며 서로 배우는 장소이다. 그 핵심에 교사들이 서로 배우는 전문가학습 공동체(professional learning community)가 구축되지 않으면 안 된다.

배움의 재정의로

배움의 본질은 어디에서 찾을 수 있을까? 배움은 아주 좁게 정의하면 '지식과 기능의 획득'이지만 그것으로 끝나는 것이 아니다.

배움의 개념을 찾아가는 데 있어서 '학(學)'이라는 한자의 자원은 시사적이다. 자원(字源) 연구자인 시라카와 시즈카는 '學'의 윗머리 중앙에 있는 두 개의 'ㄨ' 중 위의 'ㄨ'는 선조의 영혼과의 교류, 아래의 'ㄨ'는 동료와의 교류를 나타내며, 그 양쪽 겨드랑이의 형태는 이 두 개의 교류를 지켜 주는 교사의 양손을 나타낸다고 한다. 선조의 영혼은 문화재라고 해도 좋을 것이다. 교사의 도움을 받으며 문화재와 교류하고 동료와 교류하면서 배움이 성립하는 것이다.

배움은 종종 이미 알고 있는 세계로부터 미지의 세계로의 여행에 비유된다(Learning is a journey from known world to unknown world). 우리들은 배움의 여행을 통해서 새로운 세계와 만나고 새로운 타자와 만나고 새로운 자기 자신과 만나고, 그것들과 대화하면서 새로운 세계와 새로운 사회와 새로운 자기 자신을 창조한다. 따라서 배움은 대상 세계와의 대화(세계 만들기), 타자와의 대화(친구 만들기), 자기와의 대화(자기 자신 만들기)의 세 개가 통합된 대화적 실천이다. 배움은 이 세 가지의 만남과 대화에 의해 '의미와 관계를 다시 짜는(retexturing of meaning and relations)' 것이다.

 지금까지의 팬데믹 역사가 보여 준 것처럼 신종 코로나가 수습되어도 이전의 사회로 되돌아가는 일은 생기지 않는다. 새로운 사회, 새로운 교육, 새로운 학교를 창조하지 않으면 안 된다. 그 현실과 마주할 때 우리들은 다시 한번 '배움이란 무엇인가? 앞으로의 시대가 요구하는 배움은 어떤 배움인가? 아이들의 현재에서 장래에 걸친 행복을 실현할 배움은 어떤 배움인가?'를 다시 물어볼 필요가 있다. 앞으로의 시대를 살아갈 아이들에게 최소한 필요한 것은 무엇일까? 배우는 것이 좋고 탐구가 좋고 협동이 좋아서 평생을 통해 계속 배울 수 있게 되는 것이다. 아이들의 행복을 실현하기 위해서라도 우리들은 배움 혁신에 계속 도전하면서 배움 재혁신의 길을 열어 가지 않으면 안 된다.

배움의 환경과 관계 혁신

교실 환경의 혁신은 필수 요건

배움 혁신을 추진하는 데 있어서 교실 환경 개혁은 필수 요건이다. 19세기형 교실에서 '21세기형 수업과 배움'을 실현하는 것은 불가능하다. 일제식 수업의 책상 배치로 모든 아이들이 배움에 열심히 참가하는 수업, 질 높은 탐구와 협동의 배움을 실현하는 교실은 세계 어디에서도 찾아볼 수 없을 것이다. 60년 전에도 세탁기가 있었고 냉장고도 있었다는 사실을 알고 있는가? 현재, 60년 전의 세탁기나 냉장고를 사용할 수 있을까? 교실도 마찬가지이다. 40년 50년 된 교실에서 아이들이 열중하여 배우지 않는 것도 질 높은 배움이 성립하지 않는 것도 당연한 일일 것이다.

그러나 일제식 수업의 교실 배치인 '19세기형 교실'은 지금도 남아 존재하고 있다. 세계적으로 보면 '19세기형 교실'이 아직도 지배적인 나라는 북한, 중국 농촌부, 베트남, 일본 그리고 아프리카 남부이다. 이렇게 열거하다 보면 사회주의 국가에 '19세기형 교실'이 완고하게 남아 있음을 알 수 있다. 중국의 경우 학급당 학생 수가 세계에서 가장 많다는 사실이(일본은 세계에서 세 번째로 많음) '21세기형 교실'로의 이행을 방해하고 있다(단, 현재 베이징과 상하이 교실의 학생 수는 30명으로 개선되고 있다).

어떤 나라의 교사도 '가르치는 방식'에 대해서는 보수적이며, 자신이 학생일 때 체험한 수업 스타일을 쉽게 변경하려 하지 않는다. 그럼에도 불구하고 세계 대부분의 국가에서 교사들은 30년 전 '19세기형 교실'을 탈피하여 '21세기형 교실'로의 이행을 실현했다. 배움 혁신은 어떤 나라에서나 아이들의 장래와 그 나라의 경제 발전에 결정적으로 중요했기 때문에 정부도 상당히 강제적인 태도로 교사들의 개혁을 강요했다. 예로, 영국은 1990년대에 정부가 나서서 세 번이나 교실 환경을 개혁하도록 명령을 내렸으며 초등학교에서 고교까지 '21세기형 교실'로 이행했다. 노르웨이는 수업에서 교사의 발화(發話) 시간이 10분 이상이면 급여 단계를 낮추는 벌칙을 부과하여 '21세기형의 수업과 배움'을 실현했다. 물론 교사의 자주성을 존중하며 이 전환을 이루어 낸 나라도 많다. 1990년대의 캐나다, 오스트레일리아, 뉴질랜드, 2000년대의 싱가포르와 홍콩, 2010년대의 한국, 대만 등이 이에 해당한다.

일본은 중국이나 북한, 베트남 등과 같은 사회주의 국가도 아니면서 아직 '19세기형 교실'이 많다. 2003년에 실시된 OECD의 배움 양식에 관한 조사 결과를 보더라도 조사 대상 40개국 중 일본은 '탐구'의 배움에서 최하위, '협동'의 배움에서는 끝에서 두번째이며 한국이 최하위였다. 그러나 그 후 10년간 한국에서는 배움의 공동체가 폭발적으로 보급되고 특히 전국 혁신학교의 많은 교사들이 배움의 공동체를 추진한 덕에, 현재 일본은 '협동'에서도 최하위로 전락했다. '21세기형 배움'으로의 이행에서 일본은 북한과 중국과 나란히 25년 이상 뒤지고 있다.

왜 일본은 '21세기형 교실'로의 이행에서 25년 이상이나 뒤떨어져 버린 것일까? 그 최대 요인은 이 이행이 세계 각국에서 급격하게 진행된 30년 전, 일본 경제는 세계 제일 호황으로 정부도 국민들도 문부과학성도 위기감이 없었다는 데 있다. 30년 전만 해도 세계 최상위 기업 30사 중 21개가 일본 기업이며 당시 거품으로 떠 있던 돈만으로 미국의 모든 땅을 살 정도로 일본 경제는 유복했다. 경제에 대해서도 교육에 대해서도 위기의식이 없었던 것이다. 현재는 최상위 50개 기업 중 49위에 토요타 한 개가 남았을 뿐이며, 일본의 GDP 성장률은 세계 157위로 전락했다(2021년). 최근 30년간 일본은 정치, 경제, 외교, 산업, 교육 등 그 어떤 분야에서도 혁신을 하지 않은 결과 쇠퇴 일로로 가고 있다. 교실 환경, 수업과 배움 양식도 예외는 아니다.

교실 환경 개혁은 혁신의 제일보(第一步)

'19세기형 교실'에서의 일제식 수업은 단순노동자의 효율적인 양성 시스템이었다. 그러나 베를린 장벽 붕괴로 산업주의 시대는 끝이 나고 포스트 산업주의 시대로 돌입하면서, 세계의 단순노동 시장은 급격하게 사라지고 노동 시장의 대부분이 지식노동과 고도의 전문적인 서비스로 전환되었다. '19세기형 교실'의 일제식 수업으로 교육받아 온 아이들은 실업 상태에 빠지든가 저임금 비정규 고용의 일밖에 가질 수 없으며 그 나라의 경제는 쇠퇴하게 된다. 실제로 그 후 일본의 경제와 젊은 노동자들은 최악의 사태에 직면했다.

문부성도 이 위기를 인식하고 '액티브 러닝'(주체적·대화적이고 깊이 있는 배움)으로 대응하고 있지만 그 개혁은 세계와 비교하여 25년이나 늦었으며, 게다가 '주체적·대화적이고 깊이 있는 배움'의 신학습지도 요령(역주 : 국가교육과정)을 전면 실시하던 해에 신종 코로나 팬데믹이 덮쳐 일본의 학교는 일제식 수업으로 되돌아가 버렸다.

지금 바로 '19세기형 교실'에서 벗어나 '21세기형 교실'로 이행하지 않으면 안 된다. 구체적으로는 다음 페이지에서 그림으로 제시한 대로 수업 시작부터 끝까지 남녀 4인 모둠 책상으로 배치하여 수업과 배움을 추진하는 것이다. 이 교실 환경 혁신을 하지 않는 한 배움 혁신은 시작될 리 없다. 그럼에도 불구하고 '19세기형 교실'을 고집하는 교사가 있다면 그 교사들은 아이들의 미래 행복과 일본 사회의 미래를 빼앗고 있음을 자각해야 한다.

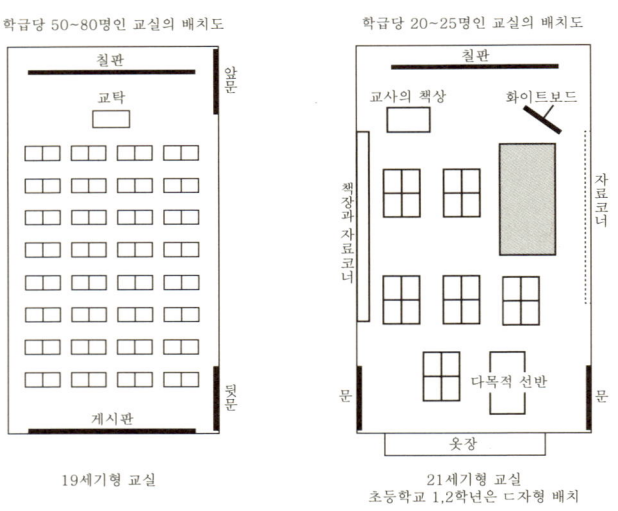

교실의 변화

초등학교 1, 2학년은 ㄷ 자형 배치와 짝 학습

남녀 혼성 4인 모둠의 교실 환경은 '21세기형 수업과 배움'의 필수 요건이지만 초등 1, 2학년 교실만큼은 다른 환경이 필요하다. 나는 지금까지 33개국 700개 이상의 학교를 방문하여 개혁을 지원해 왔는데, 어떤 나라나 초등 3학년 이상부터 고교 3학년까지는 남녀 혼성 4인 모둠의 배치이지만 초등 1, 2학년 교실은 다른 환경을 갖추고 있었다. 구미 여러 나라에서 일반적인 것은 교실 앞에 카펫을 깔고 거기에 교사도 아이도 동그랗게 둘러앉아 전체 배움을 한 뒤 책상으로 돌아가 짝 학습을 하는 방식이다. 그러나 이 방식을 일본이나 아시아의 여러 나라에서 적용하기는 어렵다. 구미 여러 나라의 초등 1, 2학년은 보통 학급당 20명 이하로, 30명이 넘는 일본이나 아시아 나라들에서 동그랗게 둘러앉아 아이들의 집중을 지속시키기는 어렵기 때문이다. 일본이나 아시아 나라에서는 북유럽 여러 나라처럼 'ㄷ 자형' 배치로 전체 배움을 하고 그대로 그 배치에서 짝 학습을 하는 것이 타당하다.

초등학교 저학년 교실 : 'ㄷ자형' 배치를 통한 전체 배움과 짝 학습

왜 초등1, 2학년에서는 4인 모둠 배치가 안 될까? 거기에는 발달단계의 문제가 있다. 언어는 의사소통 도구로서의 '외언'과 사고 도구로서의 '내언'이 있는데, 아이들의 언어 발달은 '외언'이 선행하고 '내언'은 늦게 발달한다. 따라서 초등학교 1, 2학년 어린이는 '혼자 배우는 일'도 '모둠에서 배우는 일'도 안 된다. 초등학교 1, 2학년 어린이에게 "혼자 생각하라"고 지시하면 아무것도 못 하고 어리둥절해하고 만다. '모둠 학습'을 지시하면 각자 이야기하고 싶은 것만 말하고 서로 배우지는 못한다. '내언'이 미발달했기 때문이다. 같은 이유로 초등 1, 2학년 아이들은 2인 1조의 짝 학습을 아주 좋아한다. 자기와의 대화를 상대에게 투영함으로써 배움이 활성화하는 것이다.

그리고 초등학교 1, 2학년 어린이는 '교사와 연결하기', '짝과 연결하기', '전체로 연결하기'라는 세 가지 연결을 통해 안심하고 배움에 전념할 수 있다. 따라서 초등1, 2학년은 'ㄷ자형' 배치에서 전체의 함께 배움과 2인 1조의 짝 학습이 최적인 것이다.

일본의 교사 대부분이 초등 1, 2년생을 앞을 보고 나란히 앉혀서 일제식 수업을 하고 있는데 지금 당장 '21세기형 수업과 배움'으로 전환해야 할 것이다. 초등 1, 2년생을 담임하는 교사는 아이들이 통제되지 않는 것을 두려워하며 일제식 수업을 해 버리지만, 거기에는 두 가지 큰 문제가 있다. 하나는 학력 저하다. 일제식 수업을 하는 한 학력 향상은 기대할 수 없다. 또 하나는 초등1, 2학년에서 일제식 수업을 하면 아이들의 사회성과 협동성이 길러지지 않아 초등 3학년 이상에서 학급 붕괴가 일어난다는 점이다. 초등 3학년 이상에서 학급 붕괴를 일으킨 아이들은 대부분 초등학교 1, 2학년 때에 일제식 수업을 받은 아이들이다.

 초등학교의 수업 개혁에서 가장 중요하고 가장 어려운 것이 초등학교 저학년 수업 개혁이다. 부디 모든 초등학교가 '21세기형 수업과 배움'의 실현을 초등학교 1학년 때부터 시작해 가기를 바란다.

어떤 모둠 학습이 유효할까?

모둠 학습의 세 가지 종류

'모둠 학습'이라는 용어는 혼란스럽기 그지없다. '반 학습', '집단 학습', '협력 학습', '협동(協同) 학습', '협동(協働) 학습', '협조 학습' 등 다수 언어가 범람하고 각각 무엇이 어떻게 다른지 모호한 채 실천이 이루어진다. 이 혼란은 각 용어의 영어 원문을 살펴보면 세 가지 형태로 깔끔하게 분류할 수 있다. collective learning과 cooperative learning 과 collaborative learning이 그것이며, 이들은 각기 다른 성격과 배경과 이론을 가지고 있다.

'반 학습'과 '집단 학습'은 collective learning이다. 이 방식은 1930년대 소련, 미국의 뉴딜정책, 일본의 다이쇼 익찬운동(일본 내 전시 총동원 준비를 위한 운동)에서의 '집산주의(collectivism)'를 기초로 하고 있다. 이 모둠 학습의 특징은 보통 6인으로 조직되며, 리더를 정하고 반(집단) 전체가 하나의 일치된 의견을 수렴하며, 가끔 집단 경쟁이 장려된다. 배움의 주체는 집단(반)이며 활동 단위도 집단이다. '반 학습'과 '집단 학습'은 러시아, 중국, 일본, 베트남, 멕시코, 북한 등 소수 나라에 보급되었다. 모두 소련이 기원이다. 소련에서는 스탈린의 5개년 계획에 따라 농장에서는 콜호스, 공장에서는 소프호스, 소년단은 피오네르의 6인 집단으로 조직되었다. 이 방식이 일본에는 1930년대에 전향 마르크스주의자의 '생산력이론'으로 공장과 학교에 도입되어 다이쇼 익찬운동으로 보급되었다.

덧붙여 일본의 다이쇼 신교육(1917~1930년경)시대 일본은 '협동 학습'이 보급된 몇 안 되는 나라 중 하나였다. 당시 교실 사진을 수집해 보면 대부분 4인 집단의 '협동 학습'이다(오이카와 헤이지의 '분단식 동적 교육법'은 예외로, 미국의 효율주의 방식을 도입하여 6인 모둠으로 능력별로 조직되었음). 다이쇼 익찬운동이 4인 모둠의 '협동 학습'을 6인 모둠의 '분단 학습', '집단 학습'으로 변모시킨 것이다.

6인 모둠의 '분단 학습', '집단 학습'은 제2차 세계 대전 후에도 학교와 공장에 그대로 계승되었다. '일본형 생산 시스템'으로 세계에 알려진 '토요타 방식'도 다이쇼 익찬운동으로 생겨나 전쟁 후 계승된 방식이다.

6인의 '분단 학습', '집단 학습'은 학력 저하를 불러오기 때문에 실시해서는 안 된다. TIMSS (Trends in International Mathematics and Science Study, 수학·과학 성취도 추이 국제 비교 연구)를 보면 일본에서 6인 모둠이 일반적이었던 1995년 조사에서는 모둠 학습이 활발하면 활발할수록 학력이 저하하고, 4인 모둠이 널리 보급되었던 2015년 조사에서는 반대로 모둠 학습이 활발하면 활발할수록 학력이 높아지고 있다. 6인 모둠 학습은 학력을 저하시키고 4인 모둠 학습은 학력을 향상시킨 것이다.

한편, cooperative learning과 collaborative learning은 어느 나라에서나 활발히 이루어지고 있다. cooperative learning과 collaborative learning은 영일사전에 둘 다 '협동·협력·공동'으로 표현되어 있기 때문에 차이를 알기 어렵다. 그러나 이 두 영어는 각각 완전히 다른 것을 의미한다. 영어의 cooperation은 부족한 부분을 서로 보충해 주도록 협력하여 작업하는 것인데 비해, collaboration은 다양한 사람들이 힘을 모아서 새로운 것을 창조함을 의미한다. 즉, cooperation은 '협력'이며 collaboration은 '협동(協同) 또는 협동(協働)'이다. 이 뜻의 차이가 cooperative learning과 collaborative learning 뿌리에 가로놓여 있다.

전 세계적으로 가장 많이 보급된 것은 cooperative learning이다. 이 방식을 나는 영어의 뜻을 따라 '협력 학습'으로 번역하고 있다. 이 방식은 1950년대 이후 미국의 사회심리학자 (존슨 형제, R.E.슬래빈 등)이 제창하면서 성립되었다. 그 전제는 '개인보다는 모둠이 생산성이 높다'와 '경쟁적 관계보다 협력적 관계 쪽이 생산성이 높다'라는 두 가지 원리이다. 존슨 형제는 과거 100개 이상의 심리학 실험 조사 연구 논문을 메타 분석하여 두 가지 원리를 실증하고 있다. 학교에서도 공장에서도 '협력'이야말로 생산성을 높이는 요건이라는 것이다. 연배의 교사들이라면 '버즈 학습'이라는 교육 용어를 알고 있을 것이다. 꿀벌이 집단으로 우는 소리를 '버즈'라고 하는데, 아이들이 '버즈'처럼 소란스럽게 서로 이야기하는 학급을 나타내는 용어이다. 이 '버즈 학습'이 cooperative learning의 출발점이 되었다.

'협력 학습'의 특징은 집단 학습을 협력으로 기초를 만드는 점, 서로 이야기하기와 서로 가르치기를 배움의 중심에 두는 점, 모둠의 각 구성원이 책임을 수행하는 점, 따라서 가끔 역할 분담이 이루어지는 점 등이다. '협력 학습'이 다양하지만, 미국을 비롯하여 여러 외국에 가장 많이 보급되는 데는 그 방식이 기술로 정식화되어 있으며 어떤 교사라도 쉽게 실천할 수 있기 때문이다.

이 cooperative learning은 일본에서 '협동 학습'으로 번역되어 보급되어 왔다. 그러나 이 영어는 '협력 학습'으로 번역되어야 한다. '협동 학습'이 오역이라고는 할 수 없지만 엄밀하게는 잘못되었다. 이 용어를 일본에 도입한 교육심리학자가 이미 정착된 '협동 학습'이라는 용어를 가져와 이 방식을 표현한 것이다. 그 결과 현재에 이르기까지 수많은 혼란을 발생시켰다. 그 후 교육심리학을 연구하는 사람들이 collaborative learning을 번역할 때 cooperative learning과의 차이를 명확하게 하기 위해서 '협동 학습'과 별개 용어를 사용하지 않을 수 없었고, collaborative learning의 번역어로 '협조 학습'과 '협동(協働) 학습'이 등장한 것이다.

나는 교육학자이기 때문에 collaborative learning의 번역어로서 다이쇼 이후의 '협동(協同) 학습'을 사용하고 있다. 한편, cooperative learning의 번역어는 '협력 학습'을 사용한다. 따라서 '협조 학습', '협동(協働) 학습'이라 부르는 것은 내가 '협동 학습'이라 부르는 것과 마찬가지로 collaborative learning인 것이다.

이 '협력 학습'을 나는 부정하지 않지만 권장하지도 않는다. 교과 내용을 무시한 일방적인 방식이라는 것, 그래서 실천은 쉽지만 학력 향상에 한계가 있으며 학력 상위자와 하위자의 격차를 확대하는 경향이 있기 때문이다.

그렇다면 collaborative learning으로서의 협동 학습은 어떤 성격의 모둠 학습이며, 어떤 이론에 기초하고 있을까? 앞서 기술한 collective learning(반 학습, 집단 학습)과 cooperative learning(협력 학습)과 collaborative learning과의 결정적인 차이는 앞의 두 가지는 방식인 데 비해, collaborative learning은 이론이며 철학이라는 것에 있다. 사실 collaborative learning에 관한 문헌에는 방식이나 기술은 거의 기록되어 있지 않다. 거기에 있는 것은 레프 비고츠키의 발달 이론(근접발달이론)이며, 존 듀이의 인식 철학과 커뮤니케이션 철학이다. 배움의 이미지도 공유되어 있다. 배움의 주체는 집단이 아니라 개인이며, 배움은 '서로 이야기하기'가 아니라 '서로 듣기(대화)'이며, '서로 가르치기'가 아니라 '서로 배우기'로, 문화 공동체에의 참가와 창조를 요구한다.

학습 지도 요령은 collaborative learning의 번역어인 '협동(協働) 학습'에 맞추고 있다. '협동(協働)'이라는 말은 원래 1995년 일본 한신 아와지 대지진 이후 지방 자치 단체의 마을 만들기 운동으로 생긴 일본어이다. 이 공동체 만들기로 생겨난 '협동(協働)'이라는 말이 교육용어의 협동(協働) 학습으로 채용된 것이다.

협동적인 배움의 이론 : 비고츠키의 근접 발달 영역

협동 학습은 이론이다. 협동 학습을 성공시키기 위해서는 그 이론의 기초가 되는 근접 발달 영역(zone of proximal development, ZPD)에 대해서 이해해 둘 필요가 있다.

비고츠키의 근접 발달 영역 이론에 대해서는 몇 가지 서로 다른 해석이 있다. 가장 널리 알려진 해석은 근접 발달 영역을 '교육(교수)과 발달의 관계' 이론으로 이해하고, 발달에서 교수(교육)의 주도성을 보여 주는 것이라는 해석이다. 이 해석은 구소련 교육학의 해석이다. 일본에서 출판된 비고츠키의 저서 『사고와 언어』(시바타 요시마츠 역)도 그 해석을 답습하고 있다. 한편, 근접 발달 영역을 미국에 소개한

마이클 콜(Michael Cole)은 '학습과 발달의 관계'로 해석하고, 교수의 주도성이 아니라 배움의 주도성을 나타내는 것으로 해석한다. 나도 마이클 콜과 같은 의견이다.

왜 이러한 근본적인 해석의 대립이 생겨난 것일까? 요인의 하나는 러시아어 'общение(오브체니)'의 해석에 있다. 이 말은 '교사가 가르치다'와 '아이가 배우다'라는 두 가지를 함께 의미하며, '교수-학습'으로 번역되는 것이 일반적이다(고대 그리스어와 중세 유럽 언어에는 능동태와 수동태를 함께 가진 중동상(中動相)의 언어가 많다). 오브체니도 중동상 언어 중 하나이며 원래는 '교수'보다 '학습'을 의미하는 말이었다. 비고츠키가 아동학 연구자였다는 것(그 때문에 스탈린주의하에서 논문도 저서도 출간이 금지되었다), 게다가 비고츠키의 학습과 발달 연구의 중심이 발달을 학습으로 환원하는 행동주의 심리학과 학습을 발달로 환원하는 게슈탈트 심리학 양자를 비판하고, 학습과 발달의 독자성과 상호 관계 해명에 있었던 점을 생각하면 오브체니의 '교수-학습'은 '학습'을 중심축에 함의하는 말이었다고 이해하는 것이 타당할 것이다. 비고츠키의 오브체니를 단적으로 말하면 '교사가 지도하고 있는 교실의 아이들의 배움'을 의미한다고 이해해야 할 것이다.

근접 발달 영역을 '교수와 발달의 관계'가 아니라 '학습과 발달의 관계'로 두고, 이 개념이 협동적 배움 이론의 기초가 되고 있음을 제시한다.

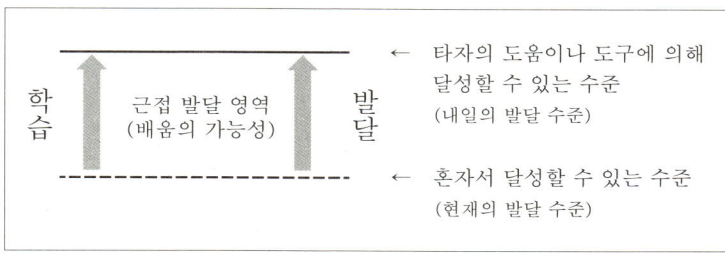

비고츠키의 근접 발달 영역

근접 발달 영역은 혼자서 달성할 수 있는 수준과 타자의 도움이나 도구를 사용하면 달성할 수 있는 수준 사이의 영역을 의미한다. 즉, 근접 발달 영역은 위의 그림처럼 나타낼 수 있다.

위의 그림에서 아래쪽 선은 아이가 혼자서 달성할 수 있는 수준을 나타낸 것이고 위쪽 선은 아이가 타자(교사나 친구)의 도움이나 도구를 매개로 달성할 수 있는 수준을 나타낸다. 아이는 이미 알고 있는 것이나 할 수 있는 것을 배우려고 하지 않는다. 즉, 아래쪽 선보다 더 아래 수준의 사항은 배우려고 하지 않는다. 마찬가지로 아이는 타자의 도움이나 도구를 매개로 해도 달성할 수 없는 수준, 즉 위쪽 선보다 더 위의 사항도 배우려고 하지 않는다. 즉, 배움은 발달의 근접 영역에서 일어나는 것이다.

여기에서 다음의 두 가지를 지적할 수 있다. 하나는 배움은 혼자서는 성립하지 않는다는 것이다. 혼자서 배우려고 하면 조금밖에 배울 수 없으며 그림의 아래 선에서 빙빙 돌게 된다. 배움은 타자와의 협동으로 성립한다.

또 하나는 배움이 가장 효과적으로 실현되는 수준은 그림의 위쪽 선이라는 것이다. 아이 한 명 한 명의 발달 수준에 맞춘 교육, 즉 아래쪽 선에 맞춘 교육은 효과가 가장 빈약하다. 따라서 배움의 과제 수준은 타자와의 협동이나 도구를 매개로 달성할 수 있는 위쪽 선에 맞추어 설정해야 한다.

위의 그림이 보여 주는 것처럼 아이들의 배움과 발달은 두 단계로 진행한다. 제1단계는 협동적 배움이고, 제2단계는 개인 배움이다. 비고츠키는 아이의 발달은 처음에는 '사회적 관계(타자와의 협동)'에서 일어나고, 다음에 '심리적 관계(개인 내부)'에서 일어난다고 말한다. 이 관계는 반대가 아니라는 것이 중요하다. 타자와의 협동으로 달성한 배움과 발달이 '내일의 발달 수준'에서 개인의 배움과 발달에 이르는 것이다.

교실 속 아이들의 배움에서 근접 발달 영역 이론을 어떻게 구현하면 좋을까? 그 인식과 판단은 결코 어렵지 않다. 아이가 배움에 열중하여 몰두할 때 그 배움은 근접 발달 영역에서 수행되고 있다고 판단할 수 있다. 아이가 학습 과제에 전념하지 않고 수다를 떠는 이유는 과제 수준이 너무 낮기 때문이다. 아이는 '알 것 같은데 모르겠는 과제'에 몰입하여 도전한다. 이 그림에서 말하면 위의 선에 가까이 갈수록 배움에 열중하게 된다. 수업에서 교사는 아이들의 배움을 자세히 관찰하고 협동적인 배움의 과제를 디자인할 필요가 있다.

나아가 근접 발달 영역대의 범위는 사회적, 문화적 맥락에서 결정된다. 아이들이 안심하고 배울 수 있는 환경과 관계, 한 명도 혼자 두지 않는 돌봄의 관계가 만들어져 있는 교실에서 근접 발달 영역은 확대된다. 반대로 협동의 관계가 아니라 경쟁의 관계로 조직되어 있는 교실, 교사 중심 수업이 이루어지는 교실에서는 근접 발달 영역이 축소된다.

비고츠키의 근접 발달 영역은 협동적인 배움에 있어 필수 개념이다. 그러나 근접 발달 영역에는 검토해야 할 과제도 남아 있다. 예로, 이 이론에 따르면 아이의 배움은 유능한 타자와 협동하면 효과가 있지만, 실제는 그렇게 단순하지 않다. 보다 학력이 낮은 아이와의 협동에 의해 보다 높은 학력의 아이의 배움의 질이 높아지는 것은 종종 볼 수 있는 현상이다. 근접 발달 영역은 협동적인 배움에 있어서 필수 이론이지만, 교실에서 일어나는 배움은 보다 조직적이고 복잡한 일인 것이다.

배움을 디자인하다
: 공유 배움과 점프 배움

디자인 사고에 의한 배움 개혁

플랜(계획)으로 수행되는 교육 실천과 디자인으로 수행되는 교육 실천은 목적도 논리도 방법도 다 다르다. 플랜은 실천 전에 결정되고 실천은 플랜에 따라 수행된다. 그에 비해서 디자인은 '상황과의 대화(도널드 숀: Donald Schön)'이며, 실천 전에도 실천 과정 중에도 수정되며, 그 변화하는 디자인에 근거하여 실천이 수행된다. 플랜을 결정짓는 것은 '목표'이다. 따라서 '목표(계획)-달성-평가' 사이클에 따라 프로그램을 실천하고, 평가는 목표 달성도로 표시하며, 실천 연구는 가설 검증형으로 수행한다. 그에 비해서 디자인을 결정하는 것은 '비전'이다. '어떤 수업을 창조하고 싶은가?', '어떤 배움을 실현하고 싶은가?' 하는 비전이 수업과 배움 디자인을 이끈다. 따라서 '디자인-실천-리플렉션(성찰)' 사이클로 프로젝트 실천을 구성한다.

이처럼 플랜에 의한 실천과 디자인에 의한 실천은 그 양식도 논리도 언어도 서로 다르다. 플랜에 의한 실천은 목표 달성의 기술적 실천이며, 디자인에 의한 실천은 비전을 추구하는 반성적 실천이다. 학교 교육은 제도적 실천인 이상 프로그램 실천(기술적 실천)으로 조직되어 있지만, 교사들과 아이들이 요구하는 것은 디자인에 기초한 프로젝트 실천(반성적 실천)일 것이다. 그리고 플랜에 의한 실천은 물건을 생산하는 노동에 적합하며, 디자인에 의한 실천은 문화적·사회적 활동에 적합하다.

21세기형 수업과 배움에서, 플랜 중심의 수업과 배움으로부터 디자인 중심의 수업과 배움으로의 이행이 일어나는 것은 필연적이다. 21세기형 사회에서는 배움의 효율성보다도 창조성과 탐구와 협동의 배움 쪽이 가치가 높기 때문이다. 일본에서는 지금도 지도안(플랜)으로 만들어지는 수업 실천과 수업 연구가 지배적이지만, 앞으로는 디자인 사고에 기초하여 '디자인-실천-리플렉션' 사이클로 수업과 배움을 창조하는 혁신을 수행해야 할 것이다.

공유의 배움과 점프의 배움

배움의 공동체 실천에서는 디자인 사고에 기초한 '배움 디자인' 연구를 추진해 왔다. 한 시간 수업을 '공유의 배움(교과서 수준)'과 '점프의 배움(교과서 이상의 수준)'의 두 가지로 디자인하는 방식이다. 보통 수업에서는 30분이 지나면 3분의 2의 아이들은 이해하고 배움이 끝나고, 3분의 1의 아이들은 포기한다. 이 현상을 극복하고 모든 아이가 수업 시작에서 수업을 마칠 때까지 열중하여 계속 배울 수 있는 수업을 실현하기 위해서는 '공유 배움'과 '점프 배움'의 두 가지로 배움을 디자인하지 않으면 안 된다. '점프 배움'의 최적 수준은 3분의 1의 아이들이 달성할 수 있는 수준이며, 이는 지금까지의 경험으로부터 얻은 결론이다.

서로 듣는 관계와 협동의 관계가 성립되어 있다면 '공유 배움'과 '점프 배움'으로 교실 내 모든 아이가 수업 시작부터 끝까지 열중하여 배우는 수업이 성립한다. 왜 그럴까? 비고츠키의 근접 발달 영역 이론이 그 비밀을 밝혀준다. 꼭 다시 한번 공부해 보기 바란다.

점프 배움의 효용

'공유 배움'과 '점프 배움'에 의한 효과는 어마어마하다. 특히 저학력 아이들의 학력 향상에 이 이상의 효과적인 방법은 없다고 말해도 좋을 것이다. 나는 일본에서 가장 학력이 낮은 학교를 다수 지원해 왔지만, 어느 학교에서나 '기적'이라 불릴 만큼 학력 향상을 달성해 왔다. 왜 '기적적'인 학력 향상이 달성되는 걸까?

일반 교사들 입장에서는 이해가 안 되겠지만 저학력 아이들은 '점프 배움'을 아주 좋아한다. 20년 전만 해도 나는 이 현상을 이해할 수 없었다. 그러나 그들의 배움을 관찰하는 가운데 그 비밀을 이해하게 되었다. 보통 교사는 '기초에서 발전으로', '이해에서 응용으로' 배움의 과정을 생각한다. 그러나 이런 것은 학력이 높은 아이들이 배우는 방향이지 저학력 아이들이 배우는 방향은 아니다. 저학력 아이들은 기초를 몰라서 발전으로 나아가지 못하며, 이해가 안 되기 때문에 응용으로 나아갈 수 없다. 그러나 '점프 배움'에서 저학력 아이는 '발전에서 기초'로 내려가면서 배우고 있으며, '응용하면서 이해'하는 배움을 수행하고 있다. 그 결과 '점프 과제'를 달성할 수 없어도 '기초'를 이해하는 배움을 실현할 수 있다. 나아가 '점프 배움'은 학력이 높은 아이도 낮은 아이도 평등하게 만드는 효과가 있다. 저학력의 아이들은 대등한 관계에서 협동의 배움에 참가할 수 있으며, 그들의 아이디어가 유효하게 발휘되는 경우도 종종 일어난다. 이러한 이유에서 '점프 배움'은 저학력 아이들을 배움에 열중시키고 여러 벽을 넘어 그들의 학력을 향상시키는 것이다.

그리고 '점프 배움'은 협동적인 탐구를 촉진하여 '진정한 배움(authentic learning)'을 실현하는 효과를 발휘한다. 교과의 본질을 추구하는 진정한 배움을 실현하는 데 있어서 '점프 배움'만큼 유효한 방법은 없을 것이다.

물론, '점프 배움' 디자인은 교사에게 높은 전문성을 요구한다. 많은 교사가 교과서를 설명하며 가르치는 것은 할 수 있어도 교과서 수준을 넘는 학습 과제를 디자인하는 능력은 갖추고 있지 못하다. 따라서 배움의 공동체 개혁을 시작한 초기는 '점프 배움'을 제창하는 것 때문에 교사들의 동의를 얻기가 어렵다고 생각했다. 그러나 현실은 반대였다. 모든 교사가 "점프 배움의 디자인이 어렵다."고 이야기하면서도 적극적으로 점프 과제 디자인에 도전해 왔다. 아이들이 열중하여 배우는 모습에 교사들이 매료되었기 때문이다. 이제 '점프 배움'은 배움의 공동체 개혁에 그치는 것이 아니라 많은 수업에서 일방적으로 실천될 정도로 널리 보급되었다. 아직 시도해 보지 않았다면 꼭 도전해 보기 바란다.

내가 '공유 배움'과 '점프 배움'의 디자인을 제창한 배경에 대해서 보충하겠다.

20년 이전의 내부 사정을 토로하자면, '점프 배움' 제안에는 일말의 불안이 있었다. 모든 교과를 가르치는 초등학교 교사들이 모든 수업에서 '점프 배움'을 디자인할 수 있을까? 교과서 내용을 설명하는 것으로 시종일관해 온 교사들에게 '점프 배움' 제안은 배움의 공동체 개혁에 참여하는 데 높은 걸림돌이 되지 않을까?

그러나 그 불안은 바로 해소되었다. 아이들이 '점프 배움'을 대환영하며 받아들이고 진지하게 배우는 모습에 호응한 교사들이 적극적으로 도전을 시작했기 때문이다. '점프 배움' 디자인은 교사의 교과 교양에 의존한다. 그러나 무리한 문제는 아니다. 인터넷에도 기출 입시 문제에도 많은 아이디어가 있다. 너무 애쓰지 않고 생각해도 되니 꼭 '점프 배움' 디자인에 도전해 보기 바란다.

진정한 배움을 실현한다
: 교과 본질의 탐구

진정한 배움의 개념

'진정한 배움(authentic learning)'은 다의적인 개념이다. 어떤 사람은 현실적인 사상(事象)이나 문제를 대상으로 하는 배움을 진정한 배움이라 부르고, 어떤 사람은 배우는 사람의 내적인 진실에 충실한 배움을 진정한 배움이라 부르며, 또 어떤 사람은 배움의 맥락이 현실적인 배움을 진정한 배움으로 부른다. 또 어떤 사람들은 배움의 과정이 학문(과학)의 방법에 입각한 배움을 진정한 배움이라 부르는 사람도 있다. 이 모든 것을 포괄하는 호칭으로 진정한 배움이라는 호칭이 사용되고 있다.

학교에서의 배움이 '진짜'가 아니라는 것은 늘 계속되어 온 물음이다. 그 연원은 철학의 출발점까지 거슬러 올라간다. 고대 그리스의 철학자 플라톤은 '동굴의 죄수'라는 비유에서 인식의 소외를 표현해 왔다. 동굴 안 벽면을 향해 쇠사슬에 묶인 죄수는 동굴 밖의 일이나 사상(事象)을 그림자밖에 볼 수 없다. 현실(지식)의 그림자를 현실로 착오하여 인식하고 있다고 한다. 이 죄수가 쇠사슬로부터 해방되어 동굴 밖으로 눈을 돌렸다면 너무 눈이 부셔 아무것도 볼 수 없었을 것이다. 그리고 존 듀이는 학교의 배움은 두 가지 실수를 범하고 있다고 한다. 하나는 지도(교과서)를 주고 지도로 여행을 시키는 실수이다. 또 하나는 지도(지식)를 주지 않은 채 여행을 시켜 방황만 하게 하는 실수이다. 지도를 건네주고 여행을 시키는 배움을 실현하지 않으면 진짜 배움을 실현하는 것은 불가능하다. 나는 학교 지식을 '컵라면 지식'으로 표현해 왔다. 아이들은 학교에서 많은 지식을 배우고 있다. 그러나 그 지식이 컵라면처럼 영양가가 낮은 것이라면 어떻게 할 것인가? 배우면 배울수록 신체는 쇠약해지고 포만감 상태에서 아사하게 될지도 모른다.

이러한 비유에는 학교에서 발생하는 배움의 소외가 표현되어 있다. 학교 지식과 배움을 '진짜'로 하는 혁신이 필요하다. 최근 진정한 배움이 주목을 받는 배경에는 액티브 러닝의 보급과 정착이 있다. '주체적·대화적이고 깊이 있는 배움'에서 '깊이 있는 배움'의 영어 표기는 일반적으로는 deep learning이다. 그러나 '깊이 있는 배움'을 authentic learning으로 영어 번역하는 사람도 있다. 나도 이 번역에 찬성한다.

진정한 배움은 다의적이며 다양한 스타일로 추구되고 있다. 그것들을 열거해 보면 현실 세계의 배움, 탐색적이고 탐구적인 배움, 현실적인 과제로 다양한 지식을 관련짓는 통합하는 배움, 고차원적인 사고를 추구하는 배움, 정답이 정해져 있지 않은 탐구적인 배움, 반성적 사고나 숙고를 촉진하는 배움, 배움의 과정에서 다양한 타자와 협동하여 진실성을 추구하는 배움 등이다. 왜 진정한 배움은 이렇게까지 다의적이고 다양한 특징을 가지고 추구될까? 거기에는 '진정성(authenticity)'의 개념 자체의 복잡한 전개가 가로놓여 있다.

진정성의 개념을 최초로 제시한 이는 프랑스 사상가 장자크 루소(Jean Jacques Rousseau)이다. 루소는 〈대화편(1782년)〉에서 자기 분열을 경험하면서, '나는 누구인가?'를 추궁하며 '자기의 내적 진실'의 소재를 찾고 있다. 루소는 이 '자기의 내적 진실(내적인 목소리)'을 '진정성'이라고 표현했다. 문예 비평가 라이오넬 트릴링(Lionel Trilling)이 자신의 저서 『성실성과 진정성(Sincerity and Authenticity, 1972)』에서 지적하듯, 근대 문학은 루소가 추구한 진정성에 의해 탄생했다. 한편, 정치 철학자 찰스 테일러(Charles Margrave Taylo)가 『자아의 원천들(Sources of the Self, 1989)』과 『진정성의 윤리(The Ethics of Authenticity,1991)』에서 보여 준 것처럼, 루소의 진정성 추구는 근대의 자아 개념을 형성하고 민주주의 사회를 성립시켰다.

또 한편에서 '진정성'은 일반적으로는 루소의 계보와는 다른 의

미로 보급되고 확대되었다. '진짜'와 '위작'을 구별하는 '진정성'이다. 미술품, 악기, 고문서 등의 위작을 간파하고 진짜를 찾는 '진정성'이다. 루소의 '진정성'이 인식 주체의 '내적 진실'을 추구한 것에 비해서 또 한편의 '진정성'은 인식 대상(사물)이 '진짜'인 것을 추구하고 있다. 이렇게 '진정성'은 내적 진실과 외적 진실로 분열했다. '이게 진짜'라고 하는 감각의 '진정성'은 이 두 가지 진실의 교차점에서 성립한다고 말해도 좋을 것이다.

배움에서의 진정성

배움에서의 진정성을 제창한 것은 비고츠키 학파의 학습 과학자들이었다. 교육학(학습 과학)에서 이 개념을 최초로 제시한 사람은 바버라 로고프(Rogoff Barbara)이다. 로고프는 1977년에 제출한 박사 논문에서 마야 고원의 인디헤나(indigena, dnjswnals) 아이들의 문화적 발달을 조사 연구하고, 그들이 사회적 맥락에서 문화 공동체 속에서 발달하는 과정을 밝혀냈다. 이 사회적 맥락에서의 문화적 발달은 '인지적 도제제(Cognitive Apprenticeship)'로 개념화되어 그 후의 학습 과정에서 진정한 배움을 연구하는 기초를 형성했다(『Apprenticeship in Thinking : Cognitive Development;in Social Context(1991)』).

그 후 신비고츠키학파 진 래이브와 에티엔 벵거(Jean Lave & Etienne

Wenger)의 『상황 학습-합법적 주변 참가(Situated learning : Legitimate peripheral participation,1991년)』에서 학교의 지식과 배움에 대한 비판이 주목된다. 래이브와 벵거는 리베리아 직조공과 정육공의 도제적 배움이 학교의 배움과는 다르며, 문화 공동체 속에서 주변(도제)으로부터 중심(장인)으로 이행하는 배움이며, 처음부터 전체와 만나 전체의 부분에서 전체의 부분으로 이행하는 배움이라는 것을 보여 준다. 어느 것 할 것 없이 비고츠키 학파에서의 진정한 배움은 문화 공동체 참가로 정의되고 있다.

비고츠키 학파와는 다른 계보에 관해서도 소개하겠다. 배움의 본질을 지식 이해가 아니라 지식 탐구에서 찾는 계보이다. 그중 한 사람이 '탐구 학습'을 주장한 조셉 슈왑(Joseph J. Schwab)이다. 슈왑은 1960년대에 전개된 신교육과정운동의 생물학 교육 주도자이며, 생물학 교과서 BSCS와 교사용 지도서를 편찬한 것으로 알려져 있다. 그는 생물학자인 동시에 듀이 철학을 신봉하는 교육학자였다. 슈왑은 고대 그리스 이래 교육은 '복종 레토릭'을 가르치는 노예 교육과 '탐구 레토릭'을 가르치는 민주 시민 교육으로 양분되어 왔다고 한다. '복종 레토릭' 교육은 정답을 가르치고 '탐구 레토릭'은 탐구 그 자체를 교육했다고 한다. 당시 '교과 구조(structure of discipline)'가 교육 과정 연구의 중심 개념이었지만, 슈왑은 '교과 구조'에는 '지식의 실체적 구조(substantive structure)'와 '지식의 구문적 구조(syntactic structure)'의 두 가지가 있으며 탐구 학습에서는 '지식의 구문적 구조'가 학습 내용의 중심이 되어야 한다고 주장했다. 즉, 탐구 학습에서는 지식의 의미를 이해하는 것보다도 그 지식을 인식하고 표현하는 방법을 배우는 쪽이 더 중요하다는 것이다.

이와 같은 사항은 철학자 그래고리 베이트슨(Gregory Bateson)에 의해서도 강조된다. 베이트슨은 지식의 배움에는 지식 그 자체의 배움인 '러닝Ⅰ'과 그 지식의 배움 방식(사고방식)을 배우는 '러닝Ⅱ'가 있다고 한다. 러닝Ⅰ은 관찰이나 테스트로 알 수 있기 때문에 가시적이다. 한편, 러닝Ⅱ는 지식의 배경에 숨어 있으며 학습자의 내면 탐구 과정에서 일어나므로 불가시적이다. 어느 쪽이 더 중요한가를 말하자면 물론 러닝Ⅱ이다. 왜냐하면 러닝Ⅱ를 배우지 않으면 학교에서 가르치는 지식의 대부분은 현실 세계에서도 인생에서도 어떤 의미도 갖지 못하는 잡동사니에 지나지 않기 때문이다. 그렇다면 학교에서 어떻게 러닝Ⅱ를 교육할 수 있을까?

진정한 배움을 실현한다

교실에서 일어나는 매일매일의 배움에서 진정한 배움을 실현할 계기는 무수히 존재한다. 다음에서 구체적인 사례를 고찰해 보자.

초등 1학년 교실에서 만난 수학 뺄셈 수업 사례이다. 신규 교사는 수업 시작에서 "7 빼기 3은?"이라고 아이들에게 묻고, 정답 4를 들고 칠판에 수식을 판서했다. "다음으로 케이크가 6개 있습니다. 접시가 4개 있습니다. 무엇이 몇 개 부족하죠?"라고 질문했다. 교사의 예상을 벗어나 아이들은 침묵하고 그래도 계속 질문하자 "뺄 수 없다"고 대답한다. 쩔쩔매던 신규 교사는 막다른 골목에 이르자 참관하고 있던 나에게 도움을 요청해 왔다. 여기에는 진정한 배움을 실현할 중요한 계기가 숨겨져 있다. 수학은 '수'라고 하는 현실 세계와 '양'이라고 하는 반현실 세계와 '수'라고 하는 추상 세계(수학)의 세 가지 층으로 성립되어 있다. 아이들이 케이크 6개에서 접시 4개를 "뺄 수 없다"고 답한 것은 사과 5개에서 돼지 3마리를 뺄 수 없다는 의미로, 지극히 진지한 의문을 안고 있기 때문이다.

　교단에 선 나는 아이들에게 노트에 큰 원 두 개를 그리게 하고 한쪽에는 케이크 6개 또 한쪽에는 접시 4개를 그리게 하여, 그 둘을 각각 선으로 연결하여 대응시켰다. 그 위에 타일로 이 문제를 풀게 하고 수식으로 안내했다. 즉, 현실 세계로부터 반현실의 양적 관계를 가시화시켜 그것을 추상화하여 수식으로 도입한 것이다. 이 과정에는 인류가 '수'를 획득하여 수학을 탄생시킨 원시적인 '진정성'이 숨 쉬고 있다. 그리고 나는 '점프 과제'로 "5명이 생일 파티를 합니다. 케이크가 7개, 접시가 3개 있습니다. 무엇이 몇 개 부족할까요? 그림과 식으로 생각해 봅시다"라는 문제를 냈다. 아이들은 이번에 큰 원을 세 개 그리고 각각을 선으로 연결하여 5 빼기 3의 식으로 이끌어 내 해답을 찾았다.

이 사례는 '수'라는 수학적 개념이 집합론을 기초로 성립하는 점을 보여 준다. 나는 이 사례를 통해서 베이트슨이 말한 러닝Ⅱ가 어디에나 숨어 있으며, 그 계기는 아이들의 주춤거림이나 어려움 속에서 충분히 나타나고 있음을 배웠다.

또 한 가지, 1학년 두 개의 교실에서 참관한 수학 수업 사례를 소개하겠다. 받아 올림 덧셈 수업으로, 두 교실 모두에서 같은 모양의 일이 일어났다. 수업에서는 '9 더하기 7은?'이 제시되고 아이들은 7을 1과 6으로 나누고 (혹은 9를 3과 6으로 나누고) 16이라는 정답을 이끌어 냈다. 몇 명은 손가락을 사용하여 계산하고 한 명은 손가락 수가 모자라자 짝과 20개의 손가락을 사용해 가면서 정답에 이르렀다. 다음으로 교사는 "지금 결과를 타일을 사용하여 확인해 봅시다"라고 지시했다. 하지만 대부분의 아이가 타일 계산에서 주춤거렸다. 타일 9개와 7개를 일렬로 줄 세웠지만 거기에서 더 이상 나아가지 못했다. 수업자에게도 참관자에게도 의외의 전개였다.

여기에도 진정한 배움을 생각하는 계기가 숨어 있다. 수학을 '안다'라는 것은 수식의 '조작적 의미(알고리즘)'와 그 수식의 '양적 의미'가 일치했을 때 성립한다. 이 사례의 경우 최초로 수식만으로 정답을 찾아낸 아이들은 '조작적 의미'는 이해하고 있지만 그 '양적 의미'는 이해하지 못했고, 따라서 수학적인 의미를 이해도 납득도 하지 못했다. 그것이 타일에 의한 배움에서 주춤거림으로 드러났다. 수식 계산에서는 10의 묶음을 만들어 갔지만, 타일(양)에서는 십진법 구조를 인식하지 못한 것이다.

십진법 구조를 이해하는 일은 내가 상정하는 이상으로 아이들에게는 어렵다. 인류는 5000년이 넘는 옛날부터 큰 수를 계산해 왔지만, 십진법이 수식으로 활용된 것은 14세기부터다. 인도에서 제로(0)를 발견(발명)하면서 0이 숫자로 다루어지게 됨으로써 십진법에 의한 계산이 가능해졌다. 수학적으로 생각하면 십진법보다도 60진법이 더 좋았을 것이다. 60진법이라면 분수나 소수로밖에 나타낼 수 없는 수는 격감한다. 그럼에도 불구하고 왜 십진법이 채용되었을까? 그 질문에도 아이들은 답하고 있다. 손가락이 10개이기 때문이다.

진정한 배움에 의한 배움 혁신

진정한 배움에 의한 배움 혁신을 각 교과에서 어떻게 실현해야 할까? 진정한 배움은 다의적이고 다양하지만 ① 교과의 본질을 탐구하는 배움일 것, ② 학습자의 내면의 진실에 충실한 배움일 것, ③ 배움의 내용과 방법이 현실적인 맥락을 구성하고 있을 것의 세 요건을 충족할 필요가 있다.

교과의 본질은 교과 영역의 장르에 따라 다르다. 사회과는 교과서로 가르칠 수 있을까? 사회 과학적 사고는 자료나 데이터에 의한 탐구적인 배움을 교과서 지식과 결합하는 데서 생겨나고, 이를 통해 사회과의 진정한 배움이 성립한다. 사회과의 진정한 배움은 자료와 데이터의 선택과 학습 과제 디자인이 결정적으로 중요한 것이다.

과학의 진정한 배움은 어떻게 실현할 것인가? 과학 수업의 대부분은 가설 → 실험 → 검증의 흐름으로 이루어진다. 게다가 그 실험의 대부분은 교과서에 기재되어 있다. 여기에 진정한 배움이 있을까? 가설 → 실험 → 검증은 과학의 한 방법이기는 하지만 거기에 과학적 탐구의 본질이 있는 것은 아니다. 과학적 탐구의 본질은 보이는 현상의 '관찰'을 통해서 보이지 않는 관계나 법칙을 발견하는 '설명 모델 구축'에 있다. 따라서 교과서에 없는 실험을 하는 것이 바람직하며, 실험에서는 가설이나 검증보다도 관찰을 중시하고 그 현상을 설명하는 '모델 그림'를 그리게 하는 것이 진정한 배움의 기초다.

진정한 배움을 실현하기 위해서는 현실 맥락에 입각한 배움으로 개혁하는 것도 중요하다. 사회과에서는 현실 사회의 논쟁적 문제를 과제로 내세울 필요가 있다. 과학에서도 예로 전자기(電磁氣)에서 모터를 배울 때에는 모터로 모형 자동차를 달리게 하는 놀이보다, 청소기의 모터나 스피커를 해체하는 등 보다 현실적인 맥락에 입각한 배움을 수행하는 것이 좋다.

핀란드에서는 중학교 기술과에서 전자 기타 본체의 목공, 앰프, 스피커 회로를 직접 디자인해 제작하고 있으며 학급마다 실재 자동차를 설계하여 제작한다. 방문한 캐나다의 고교에서는 실물 비행기를 설계하여 제작하고 있었다. 이러한 기술 교육이 바로 현실 맥락에 입각한 진정한 배움의 전형이다.

문학에서는 타 교과 이상으로 진정한 배움이 요구된다. 그러나 대부분의 문학 수업에서 배움의 진정성이 파괴되고 있다. 근대 이후 문학은 본래 혼자 읽는 것이며, '세계(인생)의 비밀'과 '나의 비밀'이 만나는 곳에서 배움이 성립한다. 따라서 문학의 배움은 한 사람 한 사람이 텍스트와의 대화를 중심으로 개성적이고 다양한 읽기를 구축할 것을 추구해야 한다. 그러나 문학 수업의 대부분은 '서로 이야기하기'에 의한 '독해(이해)'에 빠져 있다.

나는 문학 수업에서 진정한 배움을 실현하기 위해서 교사들에게 다음의 세 가지를 요청하고 있다. ① 주제를 추구하지 않기, ② 기분을 묻지 않기, ③ 왜라고 묻지 않기의 세 가지이다. '주제를 묻지 않기'를 요구하는 것은 문학 작품은 주제다운 것을 포함하고 있지만, 훌륭한 텍스트는 작가의 의도나 주제를 넘어서 있기 때문이다. 주제를 추구하는 배움은 텍스트의 표층적인 읽기에 빠져 버릴 뿐만 아니라 독자의 내적 진실을 짓밟게 된다. '기분을 묻지 말라'고 하는 것은 문학 작품은 인물의 심정을 묘사하고는 있지만 문학이 그려 내는 감정은 언어화할 수 없는 복잡한 감정이다. 언어화해 버리면 읽기가 표층화되고 언어의 상징성이나 다의성이 파괴되어 버린다. '왜라고 묻지 말라'고 하는 것은 문학은 인생의 숨겨진 진실을 그려 내고 있지만 그 진실은 인과 관계에서 합리적으로는 설명할 수 없는 부조리의 진실이다. 부조리의 진실을 그려 내는 곳에 문학의 예술적 가치가 있다.

  독자 여러분께서는 이 세 가지 금지 사항을 잘 지키면서 작품 각각의 고유한 매력을 상세하게 연구하고 문학에서의 진정한 배움을 추구해 가기 바란다.

ICT 교육의 혁신

컴퓨터 활용의 교육 효과

ICT 교육의 보급과 관련하여 일본에서는 기묘한 현상을 볼 수 있다. 어느 나라나 팬데믹에 의한 학교 폐쇄 기간은 컴퓨터 활용이 적극적으로 추진되어 온라인 수업이 실시되었지만, 학교 개교 후에는 학교와 교실에서 컴퓨터가 사라졌다. 그러나 일본에서는 학교 폐쇄 기간의 온라인 수업은 전체 초등학교의 5%에서만 실시되고 학교 개교 후에는 과잉이다 싶을 정도로 컴퓨터가 활용되고 있다. 이와 같은 현상은 인도와 대만에서도 볼 수 있으며 이들은 세계에서 학교에 컴퓨터 배치가 가장 늦은 나라들로, 신종 코로나를 계기로 1인 1단말기가 정비되었다.

ICT 교육은 '개별 최적화'에 의한 '미래 교실'로 선전되고 있다. 그러나 '개별 최적화'는 '미래 교실'일까? 정말 ICT 교육이 배움에 효과가 있을까?

컴퓨터의 교육적 효용에 관해서 가장 신뢰할 수 있는 실증 연구는 PISA 조사위원회가 빅데이터를 이용하여 분석한 OECD 가맹 20개국(컴퓨터 해답), 29개국(종이 매체 테스트)의 조사 결과(2015년)이다.

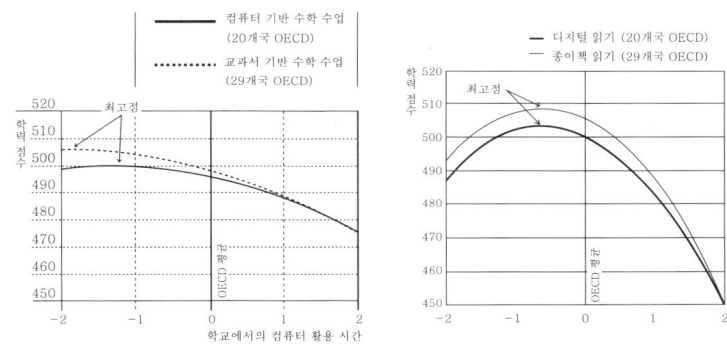

위의 두 개의 그림은 '학교에서의 컴퓨터 활용 시간과 학력과의 관계'의 조사 결과를 나타낸 것이다. 오른쪽 그림은 '독해력 리터러시' 왼쪽은 '수학 리터러시'이다(보고는 '과학 리터러시' 조사 결과도 보여주고 있지만 '수학 리터러시'와 거의 같은 결과이므로 여기에서는 배제했다). 두 그래프에서 횡측(X축)은 학교에서의 컴퓨터 활용 시간을 지수로 표시하고, 종축(Y축)은 PISA 조사의 학력 점수를 나타낸다.

일목요연하지만 학교에서의 컴퓨터 활용 시간이 길면 길수록 학력은 저하하고 있다. 학교에서의 컴퓨터 활용 시간과 학력과는 역상관 관계에 있다.

또 하나, 신뢰성이 높은 조사 결과는 51개국 34만 명의 학생과 교사를 대상으로 한 맥킨지의 '학교에서의 컴퓨터 활용 조사 결과(2020년)'이다. 이 조사에서는 컴퓨터를 ① 학생이 1인 1단말기로 활용한 경우, ② 교사와 학생이 함께 활용한 경우, ③ 교사만 활용한 경우의 세 가지를 비교하여, 컴퓨터는 학생이 1인 1단말기로 사용했을 때 가장 피해가 크며 교사와 학생이 함께 활용해도 피해가 컸고, 교사가 혼자 활용했을 때만 약간의 효과가 나타났다.

왜 학교에서의 컴퓨터 활용이 교육 효과를 올리지 못하고 피해를 가져오는 것일까? 그 이유는 세 가지로 생각해 볼 수 있다.

첫째, 현재의 컴퓨터 활용이 잘못되었기 때문이다. 현재 보급하고 있는 ICT 교육 프로그램의 대부분은 디지털 교과서이거나 프로그램 학습이거나 모범 수업의 온라인 배포 등 '가르치는 도구'로 컴퓨터를 활용한다. 그러나 컴퓨터는 '가르치는 도구'보다 '배움의 도구'(사고와 탐구의 도구)로 활용하는 쪽이 보다 효과적이다.

둘째, 컴퓨터는 정보나 지식을 검색하는 얕은 배움에는 효과적이지만 그 정보나 지식을 활용하여 사고하고 탐색하는 깊이 있는 배움에는 한계가 있다. 탐구하는 깊이 있는 배움을 실현하기 위해서는 소인수의 협동적인 배움이 가장 효과적이다.

셋째, 컴퓨터는 배움을 개인화하여 협동적 배움을 방해하는 경향이 있다. 컴퓨터는 '가르치는 도구'가 아니라 '배움의 도구'로 즉, 탐구와 협동의 도구로써 활용될 때 교육 효과를 발휘한다. 다시 말하면 문방구의 하나처럼 자연스럽게 활용하는 것이 가장 효과적이다.

ICT 교육이 이렇게까지 혼란을 불러일으키는 이유는 뭘까? 일본의 경우 최대 요인은 2018년 이후 경제산업성이 ICT 기업과 일체가 되어 '개별 최적화'를 '미래 교실'로 추진해 온 데 있다. 중앙교육심의회 답신 '래이와(슈和: 일본연호) 일본형 학교 교육'에서는 '협동적인 배움과 개별 최적화한 배움의 일체화'라는 모순된 표어가 명문화되어 있다.

'ICT 교육=개별 최적화'는 '미래 교실'로 선전되고 있지만 과연 그럴까? '개별 최적화(개별 최적한 배움)'을 영어로 표현하면 individualized optimization, optimized learning, individualized learning 등일 것이다. 인터넷에서 이러한 영어를 검색해 봐도 좋을 것이다. '개별 최적화'는 50년 전 수업 개혁의 중심 주제였다. 대표적인 이론은 B.F. 스키너(B.F. Skinner)의 '프로그램 학습(티칭 머신)'과 벤자민 블룸(Benjamin S. Bloom)의 '형성 평가'와 '완전 학습'이다. 지금 일본 학교에서 보급하고 있는 '개별 최적화'의 소프트는 '능동적 반응의 원리', '즉각적 피드백', '스몰 스탭 원리'라는 50여 년 전의 스키너 프로그램 학습을 그대로 빼닮았다. 지금은 스키너의 학습 이론을 외치는 학습 과학자도 교육학자도 존재하지 않는데, ICT 교육

업계에는 아직도 신봉자가 있다는 사실이 놀랍다. 스키너의 티칭 머신은 1970년대 후반에는 학교 현장에서 사라지고 동시에 '개별 최적화'라는 용어도 사라졌다. 즉, '개별 최적화'는 '미래 교실'이 아니라 '과거 교실'인 것이다. '과거 교실'을 ICT 교육의 '미래 교실'로 선전하고 있는 지점에 혼란과 혼미의 최대 요인이 있다.

제4차 산업혁명으로 격변하는 미래 사회는 어떤 교육을 요청하고 있을까? 제4차 산업혁명을 견인해 온 세계경제포럼은 2020년 10월 발표한 보고서 〈직업의 미래(The Future of Jobs, 2020)〉에서 2025년 사회에 참가할 사람에게 필요한 능력을 다음의 10가지로 제시하였다.

① 분석적 사고와 혁신(analytical thinking and innovation)
② 활동적인 배움과 배움 전략(active learning and learning strategy)
③ 복잡한 문제 해결(complex Problem-solving)
④ 비판적 사고와 분석(critical thinking and analysis)
⑤ 창조성과 독창성과 주도성(creativity, originality and initiative)
⑥ 리더십과 사회적 영향력(leadership and social influence)
⑦ 기술 활용과 모니터링과 통제(technology use, monitoring and control)
⑧ 기술 디자인과 프로그램(technology design and programming)
⑨ 회복 탄력성과 스트레스 관용과 유연성
　(resilience, stress tolerance and flexibility)

⑩ 추론과 문제 해결과 아이디어의 창출

(reasoning, problem-solving and ideation)

이러한 10가지 능력 가운데 ICT와 관련된 능력은 2개 항목이며 다른 8개 항목은 창조성과 탐구와 사고 능력이라는 것에 유의하기 바란다. 세계경제포럼은 이 보고서에 앞서 2020년 보고서에서 제4차 산업혁명이 요청하는 10개 항목의 능력을 제시하였지만 다음에서 제시하는 것처럼 기술과 관련된 하드한 능력은 하나도 없으며 전부가 소프트한 능력이다.

① 복잡한 문제 해결(complex problem-solving)

② 비판적 사고(critical thinking)

③ 창조성(creativity)

④ 사람 경영(people management)

⑤ 타자와의 협조(coordinating with others)

⑥ 정서적 지성(emotional intelligence)

⑦ 판단과 결단력(judgement and decision-making)

⑧ 서비스 정신(service orientation)

⑨ 교섭력(negotiation)

⑩ 인지적 유연성(cognitive flexibility)

나아가 세계경제포럼은 2020년 〈미래의 학교 (Schools of the Future)〉에서 배워야 할 8가지 학습 영역을 다음과 같이 제시하고 있다.

① 글로벌 시민성(global citizenship skills)
② 혁신과 창조성(innovation and creativity skills)
③ 기술(technology skills)
④ 대인 관계(Interpersonal skills)
⑤ 개인화된 자기 속도의 배움(personalized and self-paced learning)
⑥ 사회를 통한 학습과 통합학습(accessible and inclusive learning)
⑦ 문제 기반과 협동적 배움(problem-based and collaborative learning)
⑧ 생애에 걸친 자기 주도적 배움(lifelong and student-driven learning)

이러한 것들을 종합하면 미래 사회를 살아갈 아이들에게 필요한 배움은 '창조성', '탐구', '협동'의 세 가지를 핵심으로 한다고 말해도 좋을 것이다.

안타깝게도 현재의 ICT 교육이 이러한 과제에 부응하고 있다고 말하기 어렵다. ICT 교육은 위에 기술한 여러 분야의 배움을 종합적으로 달성하는 도구로써 활용되어야 할 것이다. 그 해도(海圖)와 나침반을 확실히 하는 것이 교사들에게 요구된다.

ICT 교육에서의 컴퓨터는 '가르치는 도구'가 아니라 '배움의 도구'로 활용할 때, 즉 '사고와 표현의 도구', '탐구와 협동의 도구'로 활용할 때 훌륭한 효과를 기대할 수 있다. 컴퓨터를 활용할 것인가 말 것인가는 '수업에서의 활용 방식'에 있는 것이 아니라 '컴퓨터를 활용한 배움의 디자인'에 있다. 그 인식이 무엇보다 중요하다. 다음은 수업에 유효한 컴퓨터 활용 형태이다.

① **데이터 베이스로 활용**(배움의 자료, 인터넷상 지식에 접근)
② **모니터링으로 활용**(체육이나 음악 퍼포먼스의 녹화와 피드백)
③ **시뮬레이션으로 활용**(물리학 실험, 수학 실험 등의 시뮬레이션)
④ **배움의 네트워킹으로 활용**(타 학교와 타 교육과의 협동 학습)
⑤ **배움의 작품화-표현도구**(책 만들기. 배움의 영상화)
⑥ **창조적인 프로그래밍 학습**(컴퓨터 그래픽, 프로그램 디자인 등)

ICT 기술을 활용한 탐구와 협동적 배움의 가능성은 대부분 무한하다. 가장 중요한 것은 교사의 배움 디자인이며, 그 디자인을 뒷받침하고 있는 배움의 창조적인 아이디어이다.

특수 교육의 혁신

특수 학급의 현상

10년 사이에 특수 학급에 재적한 아이 수는 배로 증가하였다. 그러나 도도부현(역주 : 일본의 지방 자치 단체)별로 보면 특수 학급의 재적수에는 큰 차이가 있다. 게다가 시정촌별 학교별 재적수도 차이가 크다. 무엇을 기준으로 일반 학급과 특수 학급을 구분해 왔는지 애매하다. 의사의 진단이 결정 요인 중 하나지만, 예로 ADHD(주의력 결핍 과잉 행동 장애)는 전문가 의견에 따르면 진단에 이르기까지 반년이 걸린다고 하는데, ADHD로 진단된 아이의 대부분은 30분 정도 만에 진단이 끝난다. 지역에 따라서는 취학 전의 유치원 교사나 보육사 의견을 기초로 특수 학급으로의 배치가 결정되는 경우도 있다.

전문가의 진단도 훈련받지 않은 사람들의 판단도, 모두 신뢰해도 되는 것일까? 내가 경험한 학교에서도 학생 수가 300명인 초중학교 가운데 많게는 40명 이상이 특수 학급에 재적하고 적은 학교에서는 0명에서 2명이 특수 학급에 있다. 과학적인 근거는 빈약하다.

20여 년 전 문부과학성의 통합 교육(인클루전 inclusion)추진 담당자로부터 미국이나 유럽 여러 나라처럼 한꺼번에 통합 교육을 추진할지 아니면 특수 학급에서 일반 학급으로 옮겨 가는 단계를 거쳐 일반 학급에서 특수 학급으로 통급하는 단계로 이행하는 2단계로 추진해야 할지에 대한 상담을 받은 적이 있다. 나는 한꺼번에 추진해야 한다고 답했다. 2단계 진행은 1단계에서 정지되어 버릴 위험이 크기 때문이다. 그 후의 전개는 내가 예상하고 걱정했던 대로 되었다. 그 이유는 이권에 있다. 특수 교육에 걸려 있는 공교육비는 일반 아이들의 10배 이상이다. 특수 교육 인정 자격 제도와 자격 시험, 자격 취득을 위한 세미나와 다수의 출판물이 그 이권을 떠받치고 있다.

특수 교육 아이들과 교사(지원 인원 포함)의 비율은 1.4대 1, 거의 1대1에 가깝다. 현대의 부모는 1대 1 지도가 아이들에게 가장 좋다고 생각하는 경향이 있다. 이로 인해 특수 학급 아이들은 고립되고 교사도 고립되고 있다. 그리고 특수 학급 아이들의 급증은 교사의 구성 균형을 뒤틀리게 하는 결과도 가져오고 있다.

특수 학급에서의 배움 풍경

배움 권리의 실현과 질의 보장

나는 방문하는 학교에 특수 학급의 아이들을 가능한 한 일반 학급에서 배우게 하라고 권한다. 배움의 공동체 학교에서는 교실에 돌봄 공동체가 성립되어 있으므로 특별 지원을 필요로 하는 아이가 자유롭게 배움에 참가하는 조건이 마련되어 있다. 학교 밖 사람이 교실 모습을 참관해도 대부분 누가 특별 지원을 필요로 하는 아이인지 모를 것이다. 그 정도로 돌봄 공동체가 기능하고 있다. 그리고 일반 학급에서 배우는 것이 특별지원을 필요로 하는 아이의 지적·정신적·사회적 발달에 효과가 크다.

특수 학급의 수업과 배움은 어떤 모습이어야 할까? 많은 특수 학급에서는 일제식 수업 방식을 따르고 있다. 또는 아이 한 명 한 명에게 맨투맨 지도가 이루어진다. 어느 것도 아이들의 발달에 효과적이라고 말할 수 없다. 정서가 불안정한 아이들을 파티션으로 구분하여 가르치는 교실도 있다. 대체 그 아이의 장래를 어떻게 생각하고 있는 것일까? 일생 동안 누구와도 관계 맺지 않고 사회에 참가할 수 없는 아이가 파티션에 의해 만들어지고 있다. 정서가 불안정해 타자와 의사소통하기 힘든 아이라도 다른 아이와 다양한 문제를 경험하고 다투면서 성장해 갈 필요가 있다. 다치게 해서는 안 되지만 부딪침과 다툼을 수없이 경험하지 않는 한 그 아이의 지적·정신적·사회적 발달은 달성되지 않는다.

아이의 발달을 촉진하기 위해 특수 학급의 수업과 배움에 대해 다음의 세 가지를 제안하고 싶다. 첫째로, 절대 아이를 혼자되게 하지 말고 4인 단위(또는 3인 단위)의 협동적인 배움을 추진할 것, 교사도 의자에 앉아 협동을 촉구하는 것이다. 혼자 배워서는 충분한 발달을 기대할 수 없다. 둘째는 교과의 배움을 중심으로 수업하는 것이다. 특수 학급에서는 '생활 단원 학습'이나 '자립 활동' 수업이 빈번하게 이루어지지만 중증의 지적 장애 아동에게는 '생활 단원 학습'이나 '자립 활동'보다는 교과 수업을 하는 것이 훨씬 더 효과적이며, 아이들도 그쪽을 더 원한다. 셋째는 컴퓨터를 적극적으로 활용하는 것이다. 특별 지원이 필요한 아이들의 교육에서 컴퓨터를 활용한 배움이 유효하다는 사실은 30년 전부터 널리 알려져 왔다. 현재 일반 학급에서는 컴퓨터 사용이 과잉이라 사용을 억제하는 쪽이 좋겠지만 특수 학급에서는 컴퓨터를 보다 적극적으로 활용하면 배움의 효과가 크다.

평등 공정한 특수 교육으로

2022년 8월, 유엔장애인권리위원회는 일본 정부에게 특수 학급과 특수 학교의 폐지를 강하게 요구하는 '권고'를 제출했다. 특수 학급과 특수 학교는 장애가 있는 아이들을 '배제'하는 것이며 '차별'이라는 것이다.

일본 이외의 나라에서는 다양한 장애가 '개성'으로 인식되고, 누구도 장애로 인해 배제되지 않고 차별받지 않는 '인클루죤 교육(통합 교육)'이 추진되어 왔다. 일본의 특수 학급과 특수 학교 분리는 장애가 있는 아이들에 대한 배제이며 차별이라는 지적은 타당하다.

차별이란 무엇인가? 나는 '차별'을 '집합명의 라벨에 의해 일방적으로 표상하는 권력 관계'로 정의한다. 예로 '흑인 아이들'이라고 부르는 방식이 그런 것이다. '백인 아이들'이라는 부르는 방식은 사용되지 않는다. 백인 아이들은 한 명 한 명 고유의 이름으로 불린다. 그럼에도 여전히 '흑인 아이들'이라는 말은 빈번하게 사용된다. 이것이 차별이다. 일본에서도 같은 현상이 일어나고 있다. '지원을 필요로 하는 아이들'이라는 말이 학교 안에서 빈번하게 등장한다.

특수 학급에서는 일반 학급에 비해 내용 수준을 현저하게 낮춘 교육이 이루어지고 있다. 이것은 명백한 차별이다. 능력의 차이에 상관없이 어떤 교육 내용에 대해서도 평등하게 접근할 수 있는 권리가 보장되어야 한다. 그 아이가 이해하고 습득할 수 있는가와는 관계없이 일반 학급 아이들과 동등한 교육이 보장되지 않으면 안 된다. 유엔의 '권고'는 평등 공정한 교육(equitable education) 원칙을 일본의 특수 교육에서도 관철하도록 요구한 것이다. 일본 정부도 문부성도 '권고'에 반발했다. 특별지원을 필요로 하는 아이가 일반학급에 재적해도 각각 아이의 개별 요구에 대응한 교육은 행할 수 없다고 하는 반발이며 교사들의 반발은 지금 일본의 특수교육의 실천의 축적이 평가되지 않았다는 반발이다. 그러나 앞으로도 유엔은 '권고'를 계속할 것이며 일본은 유엔 총회가 결의한 장애인권리조약을 비판적이지만 '권고'에 따를 의무가 있기에 앞으로 정부와 문부성은 대응을 강요받게 될 것이다. '권고' 취지에 따르면 현재의 특수 학급은 '특별 지원 교실'로 개칭하고, 모든 아이가 일반 학급에 재적한 뒤에 개별 요구에 따라 '특별 지원 교실'로 통급하는 형태로 이행하는 형태가 될 것이다. 적어도 제도적으로는 이 방향으로 개혁이 진전될 것이다.

그러나 보다 근본적인 문제는 지금도 있고 장래에도 계속 이어질 것이다. 장애가 있는 아이가 일반 아이들과 평등하게 서로 배우는 환경과 관계가 교실에 구축될 것인가하는 점이다. 현재는 특수 학급 교실에서 아이들은 한 명 한 명 고립되어 배우고 있거나, 일제식 수업의 책상 배열로 뿔뿔이 흩어져 있다. 일반 학급에서도 일제식 수업이 주로 이루어지고 교실 문화는 경쟁적(차별적) 관계가 지배적이며, 한 명도 빠짐없이 서로 도움을 주고받고 서로 배우는 협동적 관계(돌봄 공동체)는 구축되어 있지 않다. 현 상태로는 특별 지원을 필요로 하는 아이들의 충분한 배움과 발달은 특수 학급에서도 일반 학급에서도 실현되지 못한다. 이것을 개혁하는 일이야말로 급선무이다.

유·소아기에 나는 장애를 안고 있었다. 사산에 가까운 상태로 태어난 결과이다. 장애는 여러 가지에 걸쳐 있었지만, 운동 기능 저하는 심각했다. 유치원에서는 미끄럼틀 계단을 못 올라가서 미끄럼틀을 타지 못했다. 초등학교에 들어가자, 수 인지 장애로 계산이 틀렸다. 다동(多動)증은 심각하여 수업 중에 15분도 가만히 못 앉아 있었다. 연배의 여교사에게 야단을 맞고는 지적 장애를 가진 친구와 함께 몇 번이나 교실에서 쫓겨났다.

그 친구는 초 5학년 때 '특수 학급'으로 옮겨 갔다. 나는 여전히 조금씩은 움직였지만, 학교에 조금씩 적응하게 되어 일반 학급에 남을 수 있었다. 의외이지만 장애의 장점은 컸다. 양친으로부터 넘쳐날 정도의 애정을 받고 컸으며, 자상하게 돌봐 주는 교사와도 은혜롭게 만났다. 양친으로부터 "공부하라"는 말은 한 번도 들은 적이 없고, 산이나 강이나 바다에서 맘껏 놀 수 있었다. 학교와 친하지 않은 저학력이나 문제 행동의 아이들이 친한 친구가 되었다. 경쟁 사회와는 전혀 관계없는 어린 시절을 보낸 것이다.

현재 의학 연구에 의하면 출산 때 뇌 장애는 중학생이 될 무렵이면 생리적으로는 거의 회복된다고 한다. 출산 때라면 뇌의 3분의 2가 괴사해도 회복한다고 한다. 나의 경우가 전형적인 예이다. 심각하게 나빴던 운동 능력은 고교생이 되자 단거리 경주, 수영, 기계 체조에서 교내 톱 수준이 되었다.

내 자신의 체험 때문에라도 특수 교실을 방문할 때마다 그들을 배제하고 차별하는 일 없이 배움과 발달의 권리를 한 명도 빠짐없이 보장할 것을 기원하지 않을 수 없다.

학교를 '관료 조직의 말단'이 아닌 '전문가 공동체'로

일본 학교의 특수성

일본의 학교는 다른 나라에서는 찾아볼 수 없는 특징을 몇 가지 가지고 있다. 예를 들면 교사는 5~10년에 이동을 하며 교장도 3년마다 이동한다. 학교에 직원실(교무실)이 있으며 교사들은 수업 이외의 시간을 직원실에서 보낸다. (해외의 직원실은 교사 휴게실이고 차를 마시는 곳). 대부분의 나라에서 교사는 전원 노동조합에 가입하지만 일본에서는 20% 정도밖에 조합에 가입하지 않는다. 교사의 노동 시간이 이상하게 길다. 교장은 근무 시간의 대부분을 교장실에서 보낸다(해외의 교장은 근무 시간의 80%를 교실에서 교사와 아이들을 지원한다.).

일본의 학교 시설도 특징적이다. 어느 학교에나 운동장이 있고 풀장이 있다. 학교 정문에는 철문이 있다(미국과 유럽에서 철문이 있는 곳은 교도소밖에 없다).

학교 경영도 특징적이다. 학교는 교무분장과 위원회로 운영되고, 교장을 중심으로 한 교사들의 협동 경영이 이루어지고 있다. 해외의 학교에서는 보통 학교 경영은 교장과 부교장과 사무장(역주 : 행정실장)의 일이다.

왜 일본의 학교 개혁은 곤란한 것일까? 왜 일본 교사의 노동 시간은 이상하게 긴 것일까? 거기에는 일본 학교의 구조적인 문제가 가로놓여 있다.

21세기에서는 기업도 행정도 경영 양식이 크게 달라졌다. 20세기까지의 경영은 사람과 물건과 돈의 관리와 경영이었다. 그러나 현대의 경영은 지식 경영, 즉 지식과 정보의 경영이다. 지식 기반 사회에서는 회사도 공장도 단체도 '학습 조직(learning organization)'이 아니면 지속해서 발전할 수 없다.

그러나 일본의 학교 경영은 아직도 사람과 물건과 돈의 관리와 경영으로 시종일관하고 있으며, 지식 경영은 실현되지 않고 있으며, 학교는 '학습 조직'으로 개혁되지 않았다. 일본의 학교는 한마디로 말하면 지방 행정의 관료 조직 말단으로 조직되어 관리되고 경영되고 있다. '21세기형 학교'와는 거리가 먼 조직이며 경영이다.

최근 20년간 세계의 학교는 '전문가 학습 공동체(professional learning community, PLC)를 표어로 개혁을 추진해 왔다. 그러나 일본 학교에서

PLC는 교육 정책이 아니며, 교육위원회(역주 : 교육청)에서나 교장과 교사들 사이에서도 화제조차 되지 않고 있다. 왜 그럴까? 학교라는 존재 그 자체가 일본에서는 특수한 것이다.

구조적 개혁의 필요성

세계 각국의 학교를 조사해 보면 미국형 학교와 유럽형 학교의 두 형태가 있다. 이 두 형태의 차이는 교장의 자격과 역할을 보면 현저하다. 미국형 교장은 교육학 박사이며 야구팀의 감독처럼 학교 경영을 본무(本務)로 하는 학교의 보스이며 수업은 담당하지 않는다. 보통 이 형태의 교장은 임기제로 고용되고 임기를 마치면 갱신하든지 다른 학교 교장직에 응모하여 이동한다.

그에 비해서 유럽형 교장은 다른 교사와 마찬가지로 수업을 담당하고 있다. 병원 원장이 환자 치료를 맡는 것처럼 그리고 대학 학장이 수업을 담당하는 것과 같은 모습이다. 이 형태의 학교 교장은 교내에서 선출된다. 즉, 교장은 교사라는 길드 조직의 우두머리이다.

세계의 학교는 이 두 형태 중 하나이다. 중국의 교장은 교육학 석사 이상이며 수업은 담당하지 않으니 미국형이다. 이미 중국의 신규 교사는 모두 석사 학위 취득자이므로 언젠가 교장 자격도 교육학 박사가 될 것이다. 대만의 교장도 임기제로 고용되어 있으므로 미국형이라 할 만하다.

학교 조직과 경영은 미국형과 유럽형으로 나누어지지만. 어느 형태로 가든지 학교는 전문가 공동체(professional community)이다. 미국형의 경우 교장은 교육학 전문가이며 그 전문적 견식에 기초하여 학교를 경영한다. 한편, 유럽형의 경우도 학교의 교사 집단이 전문가 학습 공동체이며 그들의 사고방식으로 학교를 경영한다.

일본의 학교는 어떤가? 일본의 학교는 미국형도 유럽형도 아닌 것이 분명하다. 일본의 학교는 전문가 공동체로서가 아니라 관료 조직의 말단으로 조직되어 관료 조직 방식으로 경영되고 있다. 더욱이 그 경영은 21세기형 지식 경영이 아니라 과거의 사람과 물건과 돈의 관리와 경영으로 시종일관하고 있다.

학교의 미래를 전망했을 때 나는 미국형 학교가 아니라 유럽형 학교를 표방하는 것이 일본 교사 문화에 맞을 것으로 생각한다. 교장의 역할은 감독적인 관리자가 아니라 다른 교사와 마찬가지로 수업도 일부 담당하고 '교사의 교사'로서 또 동료 관계의 대표로서 경영에 나서는 것이다. 관료 조직의 말단 책임자로서의 현재 교장을 전문가 공동체의 경영자로 전환하는 것은 쉽지 않지만, 장래의 구상으로 검토해 볼 필요가 있다.

국제 조사를 보면 일본의 학교 자율성(autonomy)은 어느 조사를 보아도 두드러지게 낮다.

교내 연수를 통한 전문가 학습공동체의 구축

　일본 학교는 교과서를 선택할 수 없고 교육 과정 편성도 한정적이며, 인사(人事)를 할 수 없으며 재무를 자유로이 행할 수도 없다. 인사와 재정과 교육 계획은 교육위원회에서 결정하고 학교는 그 결정과 지시에 기초하여 경영된다. 그야말로 관료 조직의 말단인 것이다.

　반면 일본의 교무분장과 위원회에 의한 학교 경영은 해외로부터 '협동적 경영(collaborative management)'으로 높게 평가되어 왔다. 그렇다. 여러 외국의 학교 경영은 교장과 부교장이 맡고 있으며 교사의 경영 참여는 한정적이고 교사들의 고립과 개인주의가 개혁의 속박이 되고 있다. 그렇다면 일본의 학교는 해외로부터 칭찬받는 '협동적 경영'이 이루어지고 있는 것일까? 오히려 분업주의에 따른 잡무 증가와 협동 아래 고립이 학교의 현실이라고 말해야 할 것이다. 관료 조직의 말단에 위치한 학교에서 분업주의는 역할 부분만 책임지게 하는 폐해를 만들어 내고 학교 전체에 대한 교사들의 책임을 희박하게 만들고 있다. '그것은 ○○○위원회에서 생각해야 할 일'이라는 의식이 일상화되면 역할도 책임도 단편화되어 교사들의 연대는 희박해지고 소집단으로 부족화(tribalism) 되어 버린다. 교사들은 "내 수업에 대해서 관여하지 말라"며 학교와 교실과 수업과 교직을 사물화(privatization)하고, 일부 마음 맞는 동료들끼리만 연결되어 부족화하고 있다. 이 사물화와 부족화를 극복하지 않는 한 학교를 전문가 공동체로 개혁할 수 없다.

21세기형 학교로

'21세기형 학교'를 실현하기 위해서는 관료 조직의 말단으로서 조직되어 기능하고 있는 학교를 전문가 공동체로 개혁하지 않으면 안 된다. 어떻게 하면 이 개혁을 실현할 수 있을까?

배움의 공동체 개혁은 '21세기형 학교', 즉 '전문가 학습 공동체(PLC)'로서의 학교를 실현하는 도전이기도 했다. 배움의 공동체 학교에서는 학교 경영의 중심을 교내 연수에 의한 동료성 구축에서 찾아 왔다. 배움의 공동체 학교에서는 모든 교사가 연간 1회 이상 수업을 공개하고 교내에 교사의 배움의 공동체를 구축하고 있다. 이 동료성 구축이 학교를 전문가 공동체로 안내해 주는 것이다.

그러나 일반 학교의 현실은 전문가 공동체의 방향과는 역행해 왔다. 문부과학성에 의한 교사 활동 시간 조사에 따르면 1966년부터 2018년까지 52년간 교내 연수 시간은 격감하고 있다(초등학교 : 3시간 42분→1시간 6분, 중학교: 3시간 20분→30분). 교내 연수 시간은 52년간 초등학교에서 3분의 1, 중학교에서는 7분의 1 격감한 것이다. 그 반면에, 52년간 교사들의 노동 시간은 급증하고 있다. 급증한 노동 시간은 수많은 사무적인 잡무가 대부분을 차지한다. 즉, 일본의 학교는 50년 사이에 전문가 학습 공동체로서의 성격을 잃고 관료 조직의 말단으로서의 학교로 크게 달라졌다. 세계 학교들과는 완전히 반대 방향으로 학교가 변모한 것이다. 전문가 학습 공동체로서의 성격을 잃은 학교는 학교와 교사의 중심에 두어야 할 공공적 사명과 전문가의 책임을 공동(空洞)화하고, 주변 잡무를 증대시켜 교사들을 피폐하게 만들며, 학교 기능을 열등하게 저하시키고 있다. 교사의 과중한 노동은 필연적인 결과다.

'21세기형 학교'를 건설하기 위해서는 관료 조직 말단으로 변모한 학교를 전문가 공동체로 전환하지 않으면 안 된다. 학교 경영의 중심에 교내 연수를 자리 잡게 하고 PLC로서의 기능을 강화시켜 가는 것이 그 첫걸음이다. 학교를 전문가 공동체로 개혁하지 않는 한 현재 학교와 교사가 안고 있는 문제는 어느 것 하나 해결되지 않는다.

일본 학교의 현상을 살펴보면 '관료 조직 말단'의 경향이 강한 것과 함께 또 한편에서 '전문가 공동체'를 지향하는 움직임도 나타나고 있다는 점에 유의할 필요가 있다. 연간 교내 연수 횟수를 조사한 결과에 따르면 '3회 이하'의 학교가 가장 많았지만, 다음으로 많은 것이 '20회 이상'의 학교이다. 교사가 한 명도 빠짐없이 수업을 공개하고 연구하는 학교가 늘어나고 있음을 보여 준다. 이 새로운 움직임에서 '전문가 공동체'의 싹을 찾을 수 있다.

제3부

배움 혁신의 글로벌 전개

학교 개혁과 수업 개혁의 국제 연대

배움의 공동체 국제회의

2021년 3월 5일부터 7일까지 동경대학교 공학부 하세코 쿠마 홀(Haseko- Kuma Hall)을 발신 거점으로 제8회 배움의 공동체 국제 회의를 개최했다. 회의 주제는 '위드 코로나, 포스트 코로나 사회에서의 배움의 공동체 : 협동적 탐구에 의한 미래의 희망(School as learning Community in With and Post Corona Society: Hope for the Future through Collaborative Inquiry)'이다. 이 회의에서는 중국, 한국, 대만, 인도네시아, 태국, 싱가포르, 베트남, 영국, 멕시코, 일본 등 10개국 대표자가 기조 강연과 발제 강연(심포지엄)을 통해 각국의 학교 개혁 연구와 실천 상황을 보고하고, 세 개 분과회의에서 이들 실천과 연구를 교류하였다. 전체 회의 전날에는 온라인으로 하마노고초등학교(치가사키시)를 방문해 수업 관찰과 수업 협의회 장면을 세계로 전파했다.

　신종 코로나하에서도 배움의 공동체 개혁은 양적으로도 질적으로도 크게 나아가고 있음을 서로 확인 할 수 있었던 것이 최대의 성과였다. 제7회 국제회의까지는 보통 위에 기술한 10개국으로부터 300~600명(이 가운데 80%는 개최국의 연구자와 교사)이 참가하였다. 그러나 이번 회의에는 31개국에서 2,000명(일본인은 약 200명) 넘는 연구자와 교사가 참가했다. 내 예상(10개국으로부터 500명)을 크게 뛰어넘는 규모였다.

　온라인 개최로 먼 곳에서도 참가가 용이하기는 했지만, 참가국은 3배가 되고 참가자 수는 4배 이상이 되었다. 2019년 8월 학습원대학과 동경대학교에서 개최한 세계교육학회 10주년 기념대회의 참가자 수가 1,300명(반수 이상이 일본인), 2020년 11월에 온라인으로 개최한 세계수업연구학회의 참가자 수가 약 500명이었던 것을 생각하면 2,000명의 참가는 감탄할 만하다. 31개국 내역을 보면 아시아가 3분의 1, 유럽이 3분의 1, 나머지 3분의 1은 북미, 아프리카, 오세아니아, 라틴 아메리카였다. 아시아 여러 나라를 중심으로 전개해 온 배움의 공동체 개혁이 신종 코로나 팬데믹이라는 상황에도 세계 여러 나라로 확대되어 간 것이다.

　배움의 공동체의 세계적인 전개는 양적으로만 확대된 것이 아니다. 각국 제일선의 교육 연구자 10명의 기조 강연과 7명의 심포지엄

발표 보고는 각각의 나라에 배움의 공동체 개혁이 연구에서도 실천에서도 눈부신 발전을 이루어 왔음을 표현하고 있다. 모든 보고에서 신종 코로나 팬데믹 아래의 학교의 현실, 교실의 현실, 아이들과 교사의 현실을 구체적으로 전달하는 동시에, 개혁을 추진하는 교육 철학의 연구, 수업 연구, 교육과정 연구, 학교개혁 연구, 학습과학 연구, 교사교육 연구가 각 분야에서 전진하고 있음을 보여 주었다.

여러 가지에 걸쳐 다양한 내용이 논의되었지만, 각국에서 아이들을 둘러싼 경제 격차와 교육 격차가 확대되는 가운데 한 명의 아이도 빠짐없이 질 높은 배움을 보장하는 실천으로 배움의 공동체의 의의가 한층 더 선명해졌음이 확인되었다. 'No Child Alone, No Teacher Alone'을 표어로 하여 '평등 공정한 교육(equitable education)'을 실현할 것, '탐구(inquiry)'와 '협동(collaboration)'에 의한 '배움의 재혁신'을 추진할 것 그리고 학교에 교사의 '전문가 학습 공동체(professional learning community)'를 건설할 것의 의의가 어떤 보고에서나 공통적으로 언급되었다.

중국에서의 배움의 공동체

각국의 진전을 보여 주는 한 예로 중국 사례를 소개하겠다. 중국에서 배움의 공동체를 추진하고 있는 대학, 지방 행정, 공익 재단은 다수이지만 내가 관여하고 있는 것은 베이징사범대학교에 6년 전에 창설한 '배움의 공동체 국제연구센터'이다. 이 센터는 현재 중국 각지의 약 20개 프로젝트 학교를 중심으로 중국 전역의 학교와 네트워크를 연결하고 있다.

2020년 4월 6일부터 나흘 동안 베이징시 제18중학교, 같은 시에 있는 펑타이구 제5초등학교, 펑타이구 초교초등학교, 다싱구 교육국 프로젝트 학교를 줌으로 방문하여 모든 교실의 참관, 제안 수업과 협의회의 참관 및 강연을 했다(다싱구는 구내 58개 초등학교 중 18개가 파일럿 스쿨로서 작년부터 네트워크를 형성하고 있다).

펑타이구 제5초등학교는 배움의 공동체 개혁으로 학교개혁과 수업 개혁에서 세계 최고 수준에 도달해 있다. 이 학교는 다섯 분교의 연합체이며 학생수 3,000명이 넘는 대규모 학교이다. 그 모든 교실에서 한 명도 빠짐없이 모든 아이가 '탐구'와 '협동'의 배움의 주인공이 되어, 모든 수업에서 교과서 수준보다 높은 고도의 '점프 배움'을 조직하고 '질 높은 배움'을 실현하고 있다. 이 학교 전체 교사 수는 200명이 넘지만, 모든 교사가 수업을 공개하고 협동으로 연수하는 '전문가 학습 공동체(교사들의 배움의 공동체)'를 확립하고 있다. 이 학교의 개혁은 6년 전 베이징사범대학의 배움의 공동체 국제연구센터 창설과 동시에 시작되었다. 개혁의 성과는 '학교 문화'가 되어 아이들과 교사들의 사고와 행동으로 신체화되었다. 감탄할 만한 전진이다. 세계 교육학자와 교육행정관은 이 학교를 방문하여 배워야 한다.

어떻게 이러한 획기적인 전진이 가능했을까? 이 학교의 개혁과 실천을 보면 배울 것이 수없이 많다. 이날 학교와 수업을 공개한 분교의 교장은 '개혁의 전진 교훈'으로, 무엇보다 '배움의 공동체 개혁이 비전이며 철학이며 활동 시스템'이고 그에 따라 학교 내에 '교사의 배움의 공동체'를 실현할 수 있었던 점, 아이와 교사의 배움의 기반에 '경청 교육학'이 작동한 점, '서로 듣는 관계'가 교실에서는 '탐구'와 '협동'의 배움을 실현하고 교무실에는 '전문가 공동체'를 형성한 점, 이 개혁이 아이 한 명 한 명과 교사의 존엄을 지키고 다양성에 열린 '평등과 민주주의'를 가능하게 한 점을 보고했다. 그녀는 더 나아가 '개혁의 지속과 발전'을 위해서는 '중견층의 활약과 리더십'이 중요하며 다른 학교와 네트워크를 만들어 가는 것이 중요하다고 지적했다(이날도 이 학교는 중국 각지의 약 10개 협력 학교와 온라인으로 연결하여 공개 연구회를 개최했다).

이 학교 개혁에 중심적인 역할을 하고, 제18중학교와 초교초등학교와 협동하여 다싱구의 18개교의 개혁을 지원해 온 교장은 다음다음 날 다싱구의 공개 연구회에서 참관자들에게 훌륭한 연설을 했다. 그녀는 배움의 공동체의 '공공 철학', '민주주의의 철학', '탁월성의 철학'의 3가지가 개혁 추진력의 원천이며 한 명도 혼자 두지 않는 '평등과 민주주의 공동체' 만들기가 성공의 비결이라고 했다. 그 기반에 '경청의 철학'이 있고 '대화'가 있으며, '점프 배움'이 있다고 지적한다. 그리고 개혁은 학교 간 네트워크, 교육위원회와 학교의 네트워크, 교사와 연구자의 네트워크로 이어지며 '지속과 발전'을 가능하게 한다고 마무리했다.

덧붙여 중국의 배움의 공동체의 비약적인 발전에서 다음 두 가지 조건도 빼놓을 수 없다. 그 첫 번째는 교사의 높은 전문가 의식과 우수함이다. 중국의 교사 교육 수준은 최근 20년간 비약적으로 높아졌으며 도시부의 교사 대부분은 대학원 석사 이상이다. 둘째로 학교의 교사 연수 지원금이 윤택하다. 중국의 학교는 한 학교당 수백만 위안에서 1,000만 위안 이상씩 교사 연수비를 할당한다. 일본 학교의 약 100배이다. 이 윤택한 연수 예산이 교사의 성장과 혁신의 기반이 되고 있다.

베이징 펑타이구 제5초등학교 공개 연구회 풍경

개혁의 네트워크

배움의 공동체 개혁은 '운동'이 아니라 '네트워크'이다. 이 개혁 시스템의 의의는 크다. 이 네트워크에서는 보스나 중심은 존재하지 않고 거기에 참가하는 모든 학교, 모든 교실, 모든 교사, 모든 지역이 중심이다. 탈중심화되어 있으며 모든 참가자가 개혁의 주인공이 되는 평등과 민주주의 철학에 기반한 것이다.

이 네트워크가 지금 각 지역, 각 나라 그리고 국경을 넘어 세계 전체에 확대되어, 학교와 교실 하나하나를 지원하고 아이들과 교사들에 의한 배움 혁신을 뒷받침하고 있다. 신종 코로나 팬데믹 아래 온라인을 활용한 네트워크는 한층 중요성을 더했다. 배움의 공동체 개혁은 교실을 넘어 학교를 넘어 지역을 넘어 국가를 넘어 '배움의 공화국(Republic of learning)'을 건설해 왔다. 이 '배움의 공화국'은 물론 가상의 공화국이지만 현장에서 기능하고 있는 실제 '공화국'이기도 하다.

2020년 11월에 개최된 세계수업연구학회(온라인)에서는 배움의 공동체 개혁이 특별 심포지엄으로 기획되어, 훌륭한 개혁을 실현한 태국, 몇몇 대학이 거점이 되어 추진하고 있는 인도네시아를 비롯하여 일본과 홍콩의 연구가 교류되었다. 그에 앞서 상하이에서 개최된 '교육의 미래'를 주제로 한 국제회의에서는 『사피엔스』로 저명한 유발 하라리(Yuval Noah Harari)와 OECD의 PISA를 리드해 온 안드

레아스 슐라이허(Andreas Schleicher)와 내가 '포스트 코로나 시대의 교육'을 주제로 강연을 하며 온라인으로 셀 수 없이 수많은 사람과 연결되었다. 그리고 2021년 4월 11일 충칭시, 항저우시, 선전시의 교육원이 주최한 나의 강연 '제4차 산업혁명과 교육의 미래(온라인)'에는 강연장에 참가한 수천 명의 교사 외에 전국에서 10만 6,722명의 교사가 온라인으로 강연을 시청했다.

현대의 개혁은 '혁신(국소적인 혁신이 시스템 전체를 변모시키는 개혁)'과 '네트워크'로 추진되고 있다. 교실과 학교의 미래도 예외는 아니다.

배움의 공동체 글로벌 네트워크

국제회의 개최

2022년 3월 4일부터 6일까지 제9회 배움의 공동체 국제회의를 개최했다. 3월 4일은 사이타마현 하뉴시 이즈미초등학교를 방문하고, 5일부터 동경대학교 공학부 하세코 쿠마홀을 회장으로 개막식과 10명의 기조 강연, 6일은 두 개의 전체 심포지움과 6개의 분과회와 폐회식이 이루어졌다. 작년 8회 국제회의와 마찬가지로 일본인 강연자와 스태프 이외는 모두 온라인 참가였다.

이번 회의 참가자 수는 21개국의 약 2,100명이었다. 작년 제8회 국제회의의 31개국과 지역의 2,000 명에 비해 참가국은 약간 감소했는데, 그 원인은 10일 전 촉발한 러시아군의 우크라이나 침공으로

북구와 동구의 참가자가 한 명도 없었기 때문이다. 그럼에도 불구하고 작년과 마찬가지로 많은 참가국과 참가인 수에 놀랐다. 나는 이 2년간에 약 20회에 걸쳐 세계교육학회와 세계수업연구학회 등 주요한 국제학회와 국제회의의 온라인 강연과 심포지엄에 참가해 왔다. 하지만 어느 회의 할 것 없이 참가자 수는 최대 500명 정도였다. 그것과 비교해 전년도와 올해도 참가자 수가 2,000명 이상에 달한 배움의 공동체 국제회의는 경이적이다. 배움의 공동체 글로벌 네트워크는 세계 교육에서 최대의 추진력을 발휘하고 있다. 게다가 보통 온라인 회의 참가자들은 관심 있는 세션이나 강연만을 시청하는데 비해, 이 회의에서는 대부분의 참가자가 전 일정에 참가하고 시차를 넘어 21개국의 사람들이 3일간 서로 연결된 것이다.

  국제회의는 일본, 중국, 태국, 한국, 대만. 베트남에서는 기지국을 설치하여 각국의 언어로 동시통역하여 발신되었다. 그 결과 교육 연구자뿐만 아니라 교사가 다수 참가했다.

  단, 개최지가 일본이라 일본어로 동시통역 했음에도 불구하고 일본인 참가자가 150명 정도에 그친 점은 아쉽다. 일본의 교육 연구자와 교사는 이미 20년 이상 국제적인 관심과 시야를 잃고 우물 안 개구리로 살고 있다. 그 현상의 심각성을 일본의 참가자 수가 보여 주고 있다.

  국제회의의 대회 주제는 '배움의 공동체에서의 평등 공정한 교육과 배움의 재혁신—신종 코로나를 넘어서(Equitable Education and Re-innovation of Learning: Beyond COVID-19 and for Post Corona Society)'였다.

21개국 2,100명에게 발신한 동경대학교 하세코 쿠마홀

최근 2년간 신종 코로나 아래 세계 각국의 교육자가 추구해 온 '평등 공정한 교육'과 '배움의 재혁신'이라는 두 가지를 배움의 공동체 개혁의 맥락에서 서로 논의하려는 기획이다. 특히 금년도는 신종 코로나 팬데믹에 의한 '배움 손실(learinng loss)의 회복'이 논의의 초점이 되었다. 기조 강연과 전체 심포지엄에서는 일본, 영국, 싱가포르, 중국, 태국, 인도네시아, 한국, 대만, 베트남, 멕시코의 개혁 실천과 연구가 보고되었고, 이들 나라 간의 연대와 친밀함을 확인하였다.

첫날 하뉴시립 이즈미초등학교 방문은 인상 깊었다. 요시노 교장의 인터뷰, 전 학급의 수업 참관, 쿠도우 교사의 1학년 수학 제안 수업, 이 학교 교사 전원이 참가한 수업협의회는 그 하나하나가 압권이었다. 한 명의 아이도 혼자가 되게 하지 않는 돌봄 공동체, 탐구와 협동의 배움에서 대화를 즐기는 의사소통(dancing language)은 계속되는 2일간의 강연과 보고와 발언 중에서 계속 등장하며 언급되었다. 학교 방문을 통한 수업 참관과 협의회가 회의 전체의 기조를 만들어 냈다고 해도 좋다.

신종 코로나 하의 학교 현실

신종 코로나에 의한 최대 희생자는 아이들이다. 2020년 1월 이후 2년 정도 아이들은 배움의 권리를 박탈당하고 놀 자유를 빼앗기고 친구와의 관계도 끊기는 생활을 어쩔 수 없이 당해 왔다. 빈곤층 아이들의 피해는 일반 아이들의 몇 배에 달한다. 회의에서는 각국의 교육의 냉엄한 현실이 드러났다.

회의(2022년 3월) 때까지 신종 코로나 대책에 성공을 거둔 중국과 대만과 한국, 2년간에 걸쳐 폭발적인 감염으로 고심해 온 인도네시아, 영국, 맥시코 등에서의 학교 현상은 그 양상이 달랐다. 중국에서는 2020년 우한의 신종 코로나 제압 이후, 상하이나 베이징 등 일부 대도시를 제외한 지역에서는 평소와 같은 생활이 이루어지고 학교도 마스크 착용을 해제하고 계속 운영되었다(2022년 4월 이후는 '제로 코로나 정책'에 따라 어느 나라보다 학교 교육에 대한 규제가 엄격해졌다. 일본도 배움의 규제가 엄격한 나라 중 하나이다).

한편, 가장 심각한 학교 상황을 전한 사람은 인도네시아로부터 온 강연자였다. 인도네시아에서는 2020년 1월 이후 학교는 장기 휴교로 내몰리고 2021년 10월에는 일단 개교는 되었지만, 수개월 후 오미크론의 급격한 확대로 다시 휴교 상태가 되었다. 회의 개최 시점에서 인도네시아의 휴교 기간은 60주 이상에 달했다. 세계 평균 학교 폐쇄 기간이 7개월인 점을 고려하면 상당히 긴 휴교이다.

인도네시아의 교육 위기는 이 회의 반년 전인 2021년 9월에 개최된 인도네시아 수업연구학회 국제회의에서도 논의되었다. 나의 2시간에 걸친 기조 강연(영어)에 1,000명 이상의 교육학자가 온라인으로 참가하여 심각한 위기의식을 보여 주었다.

이 기조 강연에서 나는 인도네시아에서는 휴교 기간에도 온라인 수업은 이루어졌지만 40%의 아이들에게는 와이파이 환경이 없고, 그때까지 휴교로 인한 배움 손실(learning loss)만으로 6,800만 명의 아이들이 상실한 생애 임금 총액은 1,510억 달러(GDP의 15%)에 달하며 PISA의 독해력 테스트 점수도 11점이나 낮아졌다는 조사 데이터를 보고했다. 그 후도 학교 폐쇄는 계속되었고 20개월에 이르는 휴교의 피해는 계산조차 할 수 없다. 배움 손실에 의해 아이들의 반수 가까이가 평생직장을 갖지 못하는 위험을 떠안아야 했고, 아이들의 미래를 빼앗는 것뿐만 아니라 사회 전체의 붕괴 나아가서는 국가 그 자체가 붕괴로 이어질 위험이 기다리고 있다.

나를 놀라게 한 것은 2시간의 기조 강연 후 1시간 반 정도 끊임없이 이어진 질문들이었다. "온라인 수업에서 협동적인 배움을 어떻게 실현하는가?", "온라인 수업에서 질 높은 탐구적 배움을 어떻게 추진하는가?", "농촌지역의 방문에서 탐구와 협동의 배움을 어떻게 실현할 것인가?", "온라인 교사 연수에서 유효한 방법은 무엇인가?" 등은 생각했던 범위의 질문이었다. 생각 밖으로 많았던 질문은 "중고생의 임신과 결혼이 증가하고 있다. 그들의 배울 권리를 어떻게 보장하면 좋을까?"였다. 이 심각한 질문은 많은 개발도상국에서 공통된 것이다. 왜 신종 코로나 상황에서 중고생은 임신과 결혼을 서두르는 걸까? 그리고 임신한 중고생, 출산한 중고생의 배움을 어떻게 보장하면 좋을 것인가? 시급한 대응이 필요하다.

태국의 전진에서 배우다

신종 코로나하에서 배움의 공동체 글로벌 네트워크는 계속 확대되고 있다. 중국 각지의 파일럿 스쿨은 눈부신 진전을 이루었고, 대만의 최대 도시 신베이(新北)시는 2021년 10월 배움의 공동체 개혁 10주년을 축하하는 기념행사를 개최했다. 참가국 중에서 가장 전진이 두드러진 국가는 참가 인원이 가장 많았던 태국이다. 태국의 강연과 보고와 발언은 모두 훈훈한 유대감으로 가득 차 있고 강한 개혁의 기운을 전달했다.

태국 배움의 공동체 개혁의 시작은 2014년으로 아시아 국가 중에서 가장 느린 편이었다. 태국에서는 출라롱콘대학의 연구자들과 정부 위탁을 받은 PICO 멤버와의 협동으로 개혁이 추진되어 왔다. PICO는 2015년 이후 매년 교사 3만 명 이상이 참가하는 최대의 교육 이벤트 EDUCA를 '배움의 공동체'를 주제로 개최해 왔다. 2019년에 제7회 배움의 공동체 국제회의가 'EDUCA 2019'로 개최되어 태국에서의 배움의 공동체 개혁의 도약대가 되었다.

출라롱콘대학의 연구자들과 PICO 스태프의 협동은 훌륭하다. 신종 코로나 아래 태국에서는 SNS에 의해 개혁 네트워크가 구축되어 거의 매일 '배움의 공동체 세미나 회의', '교장 회의', '교사 연수회' 등이 전개되어 왔다. PICO가 SNS를 활용하여 배움의 공동체 개혁에 접근한 학교는 3,000교, 교사는 3만 5,000명, 교장과 행정관은 4,000명, 교육 연구자는 700명에 이른다. 이 온라인 네트워크에 의해 배움의 공동체는 '파일럿 스쿨의 확대'와 '전문가 교사 연수'를 추진해 왔다.

태국 배움의 공동체의 경이적 발전은 출라롱콘대학의 경험 풍부한 스완몬카 교수, 아타폴 씨와 쟈린톤 씨 등 젊고 우수한 교육 연구자와 PICO의 휘리아 씨. 니파포르 씨의 친밀한 리더십으로 나타나고 있다. 그들은 배움의 공동체의 비전과 철학을 공유하고, 많은 학교와 활동적인 파트너십을 형성하며, 다수의 교장과 교사와 협동의 네트워크를 구축해 왔다. 이 핵심 집단이 태국 전역에 걸친 학교 개혁과 수업과 배움 혁신을 가능하게 했다. 또 하나, 전략적인 탁월성도 지적할 수 있다. 그들은 태국 정부의 교육 정책인 '전문가 학습 공동체(professional learning community)'를 배움의 공동체 개혁으로 번안하여 보다 실천적이고 보다 효과적인 개혁을 파일럿 스쿨에서 실증해 왔다.

　제9회 국제회의가 보여 준 것처럼 신종 코로나하에서 배움의 공동체 개혁에 관한 연구와 실천은 새로운 지평을 개척하고 있다. 그 하나의 상징으로 국제회의 이후 중국어 간체자로 3권, 중국어 번체자로 2권, 한국어 2권, 베트남어로 4권, 영어로 2권, 스페인어로 2권, 배움의 공동체 개혁의 서적 번역과 출판이 진행되고 있다. 이 글로벌 네트워크에 의한 개혁과 실천이 새로운 시대의 교육을 열어 갈 것이다.

국제 연대의 현재에서 미래로

제10회 배움의 공동체 국제회의

2023년 3월 3일부터 5일까지 제10회 배움의 공동체 국제회의가 일본 동경대학교 공학부 하세코 쿠마홀에서 대면과 온라인 형식으로 개최되었다. 대면 참가는 각국 10명 이하로 한정할 수밖에 없었지만 대면 개최는 3년 만이다.

온라인 참가자도 포함하여 31개국에서 2,000명의 교육연구자와 교육 행정관계자 그리고 교사들이(일본인은 150명) 참가했다. 신종 코로나하의 배움의 공동체 개혁은 단번에 세계 규모로 확대했다(제8회 31개국 지역 2,000명, 제9회 21개국 지역 2,100명).

이러한 참가자 수는 교육 관계의 다른 어떤 국제회의보다도 많다.

3월 3일은 이바라키현 우시쿠시 우시쿠다이이치중학교(모토하시 카즈히사 교장)에서 전 교실 수업 참관, 제안 수업(1학년 수학) 참관과 전 교사의 수업협의회, 해외 참관자의 코멘트 교류가 이루어졌다. 3월 4일은 동경대학교에서 개막식을 열어 9개국 지역에서 온 10명의 기조 강연을 진행했고, 5일에는 5개국 지역의 6명에 의한 전체 심포지엄과 분과회(31보고) 및 폐회식이 이루어졌다.

제10회 국제회의의 해외 보고자들과 주최자

 회의 주제는 '미래 교육을 향한 배움 회복과 혁신-배움의 공동체 디자인과 실천(Learning recovery and innovation for future education Design and practice of School as Learning Community)'이었다. 이 주제가 혹독했던 3년간을 이야기하고 있다. 참가한 국가 중에는 세계에서 학교 폐쇄가 가장 길었던 멕시코(66주)와 인도네시아(64주), 2020년 5개월의 학교 폐쇄에 더해 2022년 4개월간 학교를 폐쇄할 수밖에 없었던 중국을 포함하여, 학교 개교 후에도 행정으로부터 일제식 수업을 요청받은 일본과 중국도 포함되어 있다.

배움의 공동체 개혁에 있어 더 이상의 역풍은 생각할 수 없는 3년간이었지만, 그 사이에 개혁은 아시아 여러 나라로부터 일거에 세계 전역으로 확대되었다. 공간적 확대와 동시에 이론적으로 진화된 논제는 탐색적 회화(exploratory talk), 경청 교육학(listening pedagogy) 슬로 페다고지(slow pedagogy), 파괴적 혁신(disruptive innovation)과 지속적 혁신(sustainable innovation), 공유 과제와 점프 과제(sharing task and jump task), 협력 학습(cooperative learning)과 협동적 배움(collaborative learning)의 차이, 섬세하고 사려 깊은 반성적 교사(sensitive and thoughtful reflective teacher), 전문가 학습 공동체(professional learning community) 등이다. 각각의 핵심 개념에서 이론적인 진화를 볼 수 있었다. 신종 코로나 역풍이 개혁을 추진하는 사람들의 사상과 철학과 이론을 단련시킨 것이다.

각국의 개혁의 진전

2022년 9월 이후 해외 도항이 가능해졌다. 9월 멕시코의 이베로 아메리칸대학교 교육 연구소 창설 20주년 기념 행사의 기조 강연자로 초청받아, 중남미 1,000명 이상의 교육 연구자를 대상으로 '배움의 공동체 개혁'을 주제로 하는 강연을 했다. 이 대학에서는 스페인어로 번역되는 두 번째 책인 『학교를 개혁한다』의 출판이 결정되어 있었고, 배움의 공동체 프로젝트도 발족하게 되었다. 10월에는 한국 배움의 공동체 연구회의 전국 세미나에 참가했고, 11월에는 베트남을 방문하여 나의 책 두 권(『전문가로 교사를 기르다』, 『배움의 공동체 창조』)의 출판 기념회와 하노이 근교 박장성의 학교를 방문하고 이 성의 전 교사를 대상으로 강연을 했다. 12월에는 대만 신베이시와 란위시의 세 학교를 방문하고 각각의 지역에 대응한 강연을 했다.

그리고 2023년 3월 중국 후난성 주저우시, 쓰촨성 청두시, 베이징시를 방문하여 중국 배움의 공동체 전국 대회를 개최했다. 주저우시 야쓰렌 초등학교는 6년 전부터 배움의 공동체 개혁을 추진하고 코로나 하에서도 개혁을 지속하여 교외 농촌 지역임에도 시내 상위권의 학력 수준을 달성하여 후난성 교육장상을 받았다. 방문 날 연구회에도 대면으로 250명, 온라인으로 신장을 포함한 각 지역으로부터 1,000명이 참가했다.

베이징시에서 개최된 전국 대회는 원래 12월에 개최될 예정이었다. 그러나 중국은 9월부터 12월, 신종 코로나의 폭발적인 감염으로 12월은 온라인으로 국제 강연(1만 6,000명 참가)을 열고, 학교 방문을 포함한 전국 대회는 3월 31일과 4월 1일로 연기하였다.

그 전국 대회의 방문 학교는 베이징시 펑타이구 제8중학교 (이 광 교장)이다. 이 학교가 배움의 공동체 개혁을 시작한 것은 6년 전, 개혁 당초부터 훌륭한 전진을 이루고 있었지만 이번에 방문하여 다시 한 번 감탄했다. 어떤 아이도 혼자가 되지 않고 배움의 공동체 이론이 완벽에 가까운 형태로 실천되고 있었으며, 교사들의 동료성도 뛰어나 '세계 제일의 학교(world class school)' 라 불러도 손색이 없는 학교가 실현되고 있었다. 학교장의 깊은 견식에 기초한 탁월한 리더십이 빛났다.

신종 코로나 팬데믹이 일어나기 3년 전 행정에 의한 이 학교의 수업 평가(학습자 중심의 질 높은 배움의 실현도)는 이미 A등급 수업이 전체의 40%까지 향상되어 있었지만, 그 후 3년간 A등급 수업이 76.9%로까지 향상되었다고 한다. 아마도 베이징 시내에서 가장 높은 평가일 것이다. 모든 학급의 수업을 참관하고 제안 수업인 수학 수업과 교사들의 수업협의회를 참관한 뒤에 이 경이적인 수업 개혁은 당연한 결과라고 납득하게 되었다. 그 정도로 훌륭한 학교인 것이다. 베이징시의 배움의 공동체는 지금까지 이 학교를 포함하여 펑타이구의 학교를 중심으로 전개되어 왔지만, 인근의 다싱구에서도 3년 전부터 18개의 파일럿 스쿨(연대 학교를 포함하면 구내의 3분의 1)이 건설되어 베이징 전역으로 개혁이 확대되고 있다.

중국의 개혁 조건은 다른 나라와 비교하여 엄격했다고 말할 수 있다. 2020년 학교 폐쇄 5개월에 더해 중국만 2022년에도 3월부터 4개월간 학교 폐쇄가 단행되었다. 일본과 마찬가지로 개교 기간도 엄격한 배움 규제가 내려졌다. 원래 '19세기형 교실'과 '일제식 수업'이 지배적인 중국에서 배움의 공동체 개혁을 팬데믹하에 추진하는 것은 쉬운 일이 아니다. 그 엄격한 조건에서 경이적인 개혁을 실현한 이 학교의 아이들, 교사들은 칭찬할 만하다. 이 학교는 중국 교사들은 물론 세계 교사들에게 미래의 희망이 어디에 있는지를 보여 주고 있다.

신종 코로나가 교육에 미친 영향은 나라에 따라 다양하고 복잡하다는 사실을 인식할 필요가 있다. 신종 코로나하에서 개발 도상국의 GDP(2022년)는 인도가 5위, 멕시코가 14위, 인도네시아 16위, 베트남 37위로 각각 상승했지만, 그 나라들의 학교 폐쇄 기간은 인도에서 69주, 멕시코에서 66주, 인도네시아에서 64주, 베트남에서 50주에 이른다. 아이들의 교육이 경제 성장에 희생된 것이다.

신종 코로나하의 한국에서는 정치 변화와 학교 폐쇄로 인한 교사 모럴 저하로 아이들의 배움이 희생되어 왔다. 한국은 이 시기에 정치가 격변하여 17명 중 14명이나 되던 혁신적인 진보 성향의 교육감 수가 격감하였다. 그로 인해 혁신 학교 확대를 통한 배움 혁신이 중심이던 교육 행정이 '학력 향상', '일제식 수업으로의 복귀', 'ICT 교육 추진'으로 전환하고 있다.

그리고 중국과 베트남은 원래 사회주의 국가로 '21세기형 수업과 배움'으로 개혁이 지체되어 있었기 때문에, '19세기형 교실'의 일제식 수업으로의 복귀가 심각하다. 배움의 공동체 개혁은 이처럼 복잡한 학교 현장의 위기와 마주해 왔다.

새로운 과제와 국제 연대

신종 코로나 팬데믹, 제4차 산업혁명의 가속적인 진전, 러시아의 우크라이나 침공으로, 세계는 분단되고 경제는 정체되고 아이들의 현재로부터 장래에 걸친 행복(wellbeing)은 위기에 놓였다. 2022년 9월 이후 5개국의 학교 현장을 방문하고 다음 해 3월 31개국이 참가한 국제회의를 개최하고 실감한 것은, 세계의 교사들이 국제적인 연대를 강하게 요구하고 있다는 것이었다. 그 배경은 복잡하다. 모든 나라의 학교와 교사가 중층적이고 복잡한 위기 상황에서 여러 개로 분단되고 고립되고 또 복잡한 움직임을 보이고 있다. 한 나라 안에서도 3년간 코로나 대책으로 시종일관하여 개혁을 후퇴시킨 학교가 있는가 하면, 배움 혁신을 추진한 학교도 있다. 학교를 전문가 공동체로 재구축하여, 교사 모럴을 향상시키는 학교가 있는가 하면 교사 모럴을 현저하게 저하시킨 학교도 있다. 교사의 처우를 개선하여 개혁을 지원해 온 나라가 있는가 하면, 반대로 교사 처우를 저하시켜 교사의 사기를 떨어뜨리는 결과를 불러온 나라도 있다. 특징적인 것은 이러한 변화가 반드시 경제 발전이나 정체 그리고 정치 상황과 연동하지는 않는다는 것이다. 교육 실천과 정책에 종사하는 사람들의 교육학적 견식과 공공적 사명 수준이 복잡한 전진과 후퇴의 분수령이 되고 있다.

3년간 세계의 학교 개혁은 다양하고 복잡하게 갈라진 것이 현실이지만, 어느 나라나 공통된 위기에 직면하고 있는 것도 사실이다. 주요한 공통점은 세 가지이다. 첫째는 아이들의 사회, 경제적 차이가 확대되고 아이들의 현재로부터 장래에 걸친 행복이 위기에 놓여 있다는 것이다. 둘째는 교사들이 고립화되고 동료성도 약해졌으며 전문가로서 성장할 조건이 악화되고 있다는 것이다. 셋째는 행정의 재정난과 ICT 교육 시장의 폭발적인 팽창에 의해 공립 학교의 개혁과 유지가 위기에 놓여 있다는 것이다. 이 세 가지 공통점을 핵심으로 하여 세계의 교사들은 미래의 교실과 학교를 표방한 국제 연대를 요구하고 있다.

저자 후기

이 책은 2021년 4월부터 2022년 12월까지 『종합교육기술』에 게재한 연재 10편과 2023년 4월에 쓴 논고 10편을 더하여 편집했다. 『종합교육기술』지는 2022년 12월호를 마지막으로 종이 잡지 발행에서 웹 발행으로 이행했다. 『종합교육기술』은 제2차 세계 대전 직후부터 교육 종합 잡지의 중심이었다. 나는 2000년부터 23년간 이 잡지에 연재를 해 왔으며, 고맙게도 200편이 넘는 논고를 집필할 기회를 얻어 지금까지 일곱 권의 단행본으로 정리하여 출판했다. 지금까지 집필을 지원해 주고 단행본 편집을 맡아 준 편집자 한 분 한 분과 매회 연재를 읽어 주신 독자 여러분께 진심으로 감사드린다. 이 연재에서 내가 기획한 것은 학교 현장에서 교사들이 수업과 배움 개혁을 어떻게 추진하고, 어떤 곤란과 격투하고 있는가를 생생하게 그려 내는 것이었다. 그 보고의 장을 잃게 되어 아쉽다.

이 책에 게재한 논고를 집필할 시기의 학교는 신종 코로나 대응을 위한 배움 규제에 시달리며 일하는 방식을 개혁해야 하는 요구에 쫓기고 급증하는 부등교와 정신적 위기에 빠진 아이들에 대한 대응을 강요당하고 있었다. 생각해 보면 2020년 1월 신종 코로나가 촉발했을 때 수습에 3년은 걸릴 것이며, 학교는 폐쇄되고 협동의 배움은 규제되고 공개 연구회도 할 수 없는 가운데 배움의 공동체 개혁은 손발이 다 묶이는 결정적인 피해를 볼 것이라 예상했기에, 제로에서 다시 시작할 것을 각오하고 있었다. 그 역경 속에서 아이들과 교사들의 행복(wellbeing)을 실현하려면 어떻게 해야 할까? 나는 거의 절망적인 생각에 잠겨 있었다.

그러나 현실은 나의 예상과는 반대 방향으로 나아갔다. 신종 코로나하에서 배움의 공동체 개혁은 국내에서도 국외에서도 한층 더 진전한 것이다. 신종 코로나가 진정되더라도 원래의 사회로 돌아가는 일은 있을 수 없다. 새로운 사회, 새로운 교육, 새로운 학교, 새로운 교실을 창조하지 않으면 안 된다. 신종 코로나 상황에서 개혁의 확대와 전진은 새로운 학교, 새로운 교실이 창조적으로 모색되고 있음을 보여 주고 있다. 2020년 7월 이래 나는 거의 매일 각지의 학교를 방문하여 교사들을 계속 지원하며 2022년 9월 이래는 매월 2회의 속도로 해외 학교를 방문하여 개혁을 지원해 왔다. 이 책은 그 경험에 기초하여 학교 현장에서 모색되고 있는 '미래 학교'와 '미래 교실'의 모습을 서술하고, 그 개혁을 지원하는 기본 이론을 제시했다.

이 책의 논고는 나의 마지막 근무처인 학습원 대학교를 퇴직하고 배움의 공동체 개혁에 전념한 시기에 집필되었다. 이 나이가 되어 아이들로부터 배우고 교사로부터 배우고 학교와 교실의 현실로부터 계속 배울 수 있었던 행운을 음미해 본다. 학교 개혁도, 수업 개혁도, 배움 개혁도, 절망적일 정도로 지난한 사업이다. 하지만 그 고투의 경험이 나의 사색과 연구를 단련시키고, 아이들의 배움과 교사들의 성장이 나의 더듬이 걸음을 계속 지탱해 주고 있다. 교사들과 손을 잡고 개혁에 도전하고, 아이들의 배움의 모습에서 희망을 찾아 교육학 연구를 계속해 온 행복을 떠올리지 않을 수 없다. 내가 만난 모든 아이와 교사들에게 깊은 감사를 드린다.

이 책도 소학관의 편집자인 오가사와라 키이치 씨의 협력으로 출판할 수 있었다. 퇴직 전 바쁜 시기에 이 책의 간행에 애써 준 오가사와라 씨께 감사드린다.

교실의 미래, 학교의 미래는 밖에 있는 것이 아니라 현재의 교실과 학교 안에서 배태(胚胎)하여 싹을 틔우고 있다. 이 책을 안내서로 하여 그 미래상을 독자 여러분이 각자의 교실과 학교에서 찾아가 주신다면 행복하겠다.

2023년 5월
사토 마나부

제4차 산업혁명과 교육의 미래

포스트 코로나 시대의 ICT 교육

사토 마나부 지음, 손우정 옮김

출간 즉시 아마존 일본 베스트셀러가 된 화제의 책!

포스트 코로나 시대의 ICT 교육과 학교의 미래는
어떻게 바뀌어 나갈 것인가?